社史から読み解く長寿企業のDNA

歴史に見る強さの源泉

村橋勝子

日本経済新聞出版

まえがき――私の社史遍歴

わが国では、近代企業が誕生した明治時代に早くも社史が刊行され、1900年代初頭(明治30年代)には銀行や鉄道会社が、第2次世界大戦前には各産業の代表的な企業が刊行。以後、大企業のみならず中小企業、地方企業にまで広がって刊行は増加の一途を辿り、世界でも珍しい社史大国となった。今でも毎年200点くらいが刊行され続けている。

しかし「どうせ会社の自慢話」「周年事業の引き出物」という批判や揶揄が目立ち、「読まれない本の代表」と言われて、長い間、社史に関心が持たれることはなかった。実は私も、自分の職場(経団連のライブラリー)に多くの社史がありながら、まったく無関心だった。ところが、今から30年前の1992年に雑誌『情報の科学と技術』から「社史」に関する原稿依頼があって、初めて社史を手に取り、見て驚いた。実にさまざまなことが書いてあり、しかも面白い。読みもしないで、世のネガティブな風潮・先入観に毒されていた自分を大いに恥じ、急遽調べて原稿を書いたが、その時、社史に関するデータや有用な資料がほとんどないことにも気が付き、「ならば、自分で徹底的に調べるしかない。実態に基づいて社史を論じたい」と思ったのが、社史と深く関わる契機だった。

まず、社史に関して知りたいと思ったこと、興味を持ったこと、通説に対して疑問を持ったことなどを経団連所蔵の約２５００冊の現物にあたって一から調べ、毎月1テーマのもと、雑誌『情報管理』に「社史をめぐるアレコレ」を20回連載した。

社史をひもといていろいろなことがわかるにつれ、収録されているさまざまなデータ、情報に興味を覚えただけでなく、わが国企業の成り立ちや創業者たちの心意気も知ることになり、社史の魅力を感じ始め、どんどんのめりこんでいった。

『情報管理』での連載を終えてしばらくした頃、連載の内容に注目したダイヤモンド社から書籍化の申し入れがあった。しかし、本にするのであれば、会社の規模・業種・所在地を問わず、社史の状況が網羅的にわかるものにしたい。そこで、社史の所蔵が最も多い神奈川県立川崎図書館に毎週土日に通って、片っ端から目を通して必要事項をパソコンに打ち込むという作業を約2年間続けた。そして、経団連と川崎図書館で調べた合計1万冊の観察・分析結果を①「社史の状況」（社史の定義・特色・刊行目的・刊行要因、刊行状況、社史の役割（資料的意義、経営学・経営史学と社史）、社史の魅力など）、②「社史の種類」（本格社史と普及版、ビジュアル社史、外国語による社史、定価を明記した社史、映像社史、デジタル社史など）、③「社史編纂の体制」（編纂組織、執筆者）、④社史の構成要素（書名、資料編、年表、索引と目次、判型・装丁など、社史に生かす自社製品や新技術）、⑤社史の利用と入手（社史目録と図書館、古書店と社史）といった切り口で『社史の研究』（ダイヤモンド社、２００２年）にまとめたところ、「社史１万冊を徹底解剖。初めての実態分析」と多くのマスコミに取り上げられ、一気に世間の注目を浴びた。

膨大な調査・分析を行ったとはいえ、社史の外観・概要（饅頭でいえば「皮」の部分）に過ぎなかったが、『社史の研究』をきっかけに、執筆や講演依頼がくるようになり、それに応えて、あんこに相当する社史の本文を本格的に読むようになった。そして、創業者や中興の祖に強く惹かれ、〝企業家〟と呼ぶべき20名について書いたのが『にっぽん企業家烈伝』（日本経済新聞出版、２００７年）である。

社史本文の最初〝創業期〟は、誰が、何を目的に、どんな思いで事業を始めたかが具体的に描かれていて、引き込まれる。そこで、あまたある会社の中から①創業期の製品・サービスを提供し続けながら発展してきている、②その会社または製品が日本中に知られている（あるいは、私たちに非常に身近なモノを作っている）、③キーパーソンが登場してストーリーがある、④一般の人が知らない面白い話が載っている、という要件をクリアした21社を選び、その会社の社史の、主に〝創業期〟の部分を読んで、私が感じ入ったり驚いたりしたその反応・感想を『カイシャ意外史：社史が語る仰天創業記』（日本経済新聞出版、2008年）に著した。同書は、社史の要約版ではなく、私と社史のキャッチボールというべきものだったが、書いていてとても楽しかった。

次に、日本政策金融公庫の『調査月報』からの依頼で、2016年8月から5年間・60回、「社史から読み解く経営戦略」を連載した。本書はこの連載がもとになっている。採り上げた会社は、私の個人的な興味に基づくが、業種は偏らないようにした（ただし、金融、マスコミ、不祥事が目立つ会社は除く）。とはいえ、毎月1社、創業から最新の社史がカバーするその会社の歴史（発展の要因、危機の克服、ターニングポイントなど）を、経営戦略に焦点を当てて見開き2ページにまとめるには、各社の既刊社史（1〜3冊）に目を通す必要があった。連載で紹介した会社の8割以上は、初めてその社史をちゃんと読んだが、社史ほど面白いものはないと、改めて感じた。

『カイシャ意外史』や『調査月報』の連載で採り上げたどの会社も、創業者たちに共通するのは、着眼点や観察眼、時代を見る目の確かさ、先見性と明確な目的意識、自助自立の精神、絶えざる創意工夫、チャレンジ精神だった。そして、事業を始めたのは、ビジネスチャンス、つまり「儲かるから」ではなく、日本を良くしたい、人々を物心両面で豊かに、あるいは便利にしたいという社会に対する使命感と志の高さ、ゆるぎない信念で自らの道を切り拓いていったことであった。

社史は、まさに「経営の教科書」といえるが、経済小説顔負けの面白さがある。しかし、教科書や小説と違うのは、理論や仮定の話ではなく、実際にあったことを具体的に書いていること、同じ会社・同じ歴史は一つもないことである。

「企業の寿命は30年」と言われたのは随分昔のことだが、その3倍以上の歴史を生き抜いてきた長寿企業に共通するのは、時代や経営者が替わっても創業者の哲学・経営理念を長く引き継いでいること、苦境に立たされても常に前を向き、信念と工夫で危機を切り抜けていることである。また、独自技術を生み出し、応用・発展させ、人々の生活に革新をもたらしていることにもうならされた。

最近、日本の活力が減退していると言われる。しかし、これまでにおそらく7000社以上が社史を出している。換言すれば7000人以上の起業家がいたということである。

社史が語る先人の姿勢から学ぶことは多い。汲めども尽きぬ面白さ、そして奥深さ――それが「社史」だ。

2023年2月

村橋勝子

目次　社史から読み解く長寿企業のＤＮＡ

第1章

気骨ある創業者・経営者——飽くなき追求

第2章 国産化に挑む——果敢なチャレンジ精神

第3章 郷土・地域の発展と活性化

第4章 新機軸を出す――着眼点・発想の転換

第5章 新戦略誕生――分社化・機械化・ユニット化・多角化

第6章 独自技術を高める

第7章

新たな価値の創造——生活を豊かに快適に

編集協力：武安美雪

本書は、日本政策金融公庫の『調査月報』において2016年8月号から2021年7月号まで連載された「社史から読み解く経営戦略」を改題・編集の上、加筆して書籍化したものです。

第1章

気骨ある創業者・経営者
飽くなき追求

大日本除虫菊
松竹
レンゴー
カゴメ
関西ペイント
江崎グリコ
コマツ
セメダイン
エーザイ
ダイキン工業

大日本除虫菊

大きな国益を生んだ不朽のブランド「金鳥」

CASE 01

誰もが知っている蚊取り線香「金鳥の渦巻」。120年を超えるロングセラー商品が生まれた背景には、上山《うえやま》英一郎の除虫菊への情熱と妻のユニークな一言があった。

除虫菊との出会い

和歌山県有田郡(現・有田市)の上山家は、明治はじめに既に300年を超える歴史を有する裕福な温州ミカン農家だった。四男・英一郎は慶應義塾に学んだ後、1885年、22歳でミカン輸出を目的とした上山商店を設立した。その直後、福沢諭吉の紹介でサンフランシスコの植物会社社長、H・E・アモアが訪ねてきた。英一郎はミカン園を案内し、ミカンや竹、シュロなどの苗を渡した。翌年、アモアからお返しとして送られてきた数種類の種子のなかに、除虫菊があった。

除虫菊はマーガレットにそっくりの花で、原産はユーゴスラビア（現・セルビア共和国）。当初は観賞用だったが、枯れた除虫菊の周りで虫が死んでいるのが発見されたことから、殺虫効果の研究が始まった。花の子房に含まれる「ピレトリン」が殺虫成分である。「米国ではこの植物で巨万の富を得た人が多い」と知った英一郎は農家に勧めて量産すれば貧しい農家を救えると考え、全国的な栽培を決意した。

自ら栽培・収穫した花を乾燥させ、手回しの石臼で製粉して、除虫菊の繁殖力と殺虫効果を確認すると、栽培奨励の旅に出た。しかし、見知らぬ植物のためなかなか信用されず、山師かペテン師に疑われる始末。全国行脚にも限界を感じた英一郎は、１８９０年に、除虫菊の効能、種まきから摘花、乾燥方法を詳述した『除虫菊栽培書』を発刊した。この印刷物と、英一郎の活動を紹介した大阪朝日新聞の記事が効果を生み、量産への道が開け、生産地は瀬戸内から北海道に広がっていった。

渦巻型を実現した妻のアイデア

当初から「除虫菊を輸出商品に育てあげ、貿易立国に尽くそう」という構想をもっていた英一郎は、栽培と同時に、用途開発にも邁進《まいしん》した。「原料輸出だけでは貿易立国の目標は達成できない」と、菊花を農産物ではなく、加工して付加価値をつけた工業製品にすべく心血を注いだのである。

仏壇線香にヒントを得て棒状蚊取り線香を開発してみたが、煙も少なく、折れやすく、また、すぐに燃え尽きてしまう。考えあぐねていた英一郎に「渦巻型にしては？」とユニークな提案をしたのは、妻のゆきだった。渦巻型の木型に原料を詰めて押し出して試作してみたが、型から外すのに手間がかかる。工夫の末行き着いたのは、木の芯を中心にして2本ずつまとめて手で巻く方法だった。

乾燥方法にも苦労していた英一郎に、ゆきが「金網の上で乾燥させてみては？」とまたもや提案。やってみると、網についたりもせず、うまく乾かすことができた。大量生産の目途も立ち、渦巻型の市販が実現したのは、着想から7年後の１９０２年だった。

海外市場として最初に着目したのは、国土が広く、害虫の被害が桁違いに多い米国だった。１９０９年に日本貿易輸出合資会社を設立すると、除虫菊の乾花と粉の世界的販路拡大が本格化していった。

１９１０年、不朽のブランド「金鳥」を制定した。史記・蘇秦伝《そしんでん》の一節「鶏口となるも牛後となる勿《なか》れ」は英一郎自身の信条である。自社商品も、品質、信用、経営のいずれにおいてもナンバーワンであり続けるという決意を込めた。

１９１３年には薄荷《はっか》の生産・輸出も開始した。欧米では歯磨き、菓子などに大量に消費されており、日本のものは良質で、評価が高かったからである。
1934年、除虫液（1913年に特許取得）を使った殺虫液の製造を本格的に始め、「キンチョール」の名で発売した。1935年、日本の除虫菊生産量は1300トン近くに達し、世界総生産量の90％を占めた。最大の生産・輸出国となったこの年、社名を大日本除虫菊と改めた。

色あせないブランド

蚊取り線香は日本に大きな国益をもたらした。第1は、衛生面への貢献と伝染病の予防である。日本では、開国した結果招き入れた船来疫病や日本古来の風土病が絶えることなく猛威を振るって、おびただしい死者が出、人々は疫病の恐ろしさを嫌というほど経験していた。蚊取り線香は、従来の祈祷・祈願ではなく、科学的方法で伝染病を予防する重要性を人々に認識させた。

第2は、莫大な外貨獲得である。1928年の輸出額は、除虫菊の乾花や蚊取り線香などの加工製品、総額約1000万円に達し、輸出品目のなかで上位20位前後にランクされるまでになった。

2013年には、金鳥の渦巻ほか「世界初の除虫菊を含む蚊取線香及び関連資料」が国立科学博物館の「重要科学技術史資料（未来技術遺産）」に、2017年には、蚊取り線香及び関連資料に加え、日本で初めてのエアゾールであるキンチョールが日本化学会から「化学遺産」に認定された。国民生活に顕著な影響を与えたもの、そして、その経験を次世代に継承していくべきものと認められたのである。

後年、当初の手回し臼は電動製粉機に、手巻は機械による打ち抜きに改善されたが、渦巻型蚊取り線香の基本的な構造・製造法は現在もまったく変わっていない（注）。110年以上前に決めた金鳥マーク、パッケージ、デザインとも全体のイメージは、今日に至るまでほとんど変わっておらず、2011年に経済産業省の「グッドデザイン・ロングライフデザイン賞」を受賞している。

ブランドが有名なら、それを社名にする所も少なくないが、同社が社名を「金鳥」ではなく「大日本除虫菊」にしているのは、創業以来の除虫菊への強い思いがあるからなのだろう。

（注）現在、除虫菊の殺虫成分は化学物質の合成でつくられている。

〈参照社史〉『金鳥の百年』（1988年）

大日本除虫菊の歩み

1885年　上山英一郎が上山商店設立。米国の植物会社社長、H・E・アモアが来訪
1886年　アモアから除虫菊の種子が届く
1887年　除虫菊第1回収穫。試験的に除虫菊を製粉
1888年　上山商店を上山英工場と改称して工場を建設
1890年　棒状蚊取り線香を発明、発売
1900年　渦巻型蚊取り線香の発明特許出願。1902年発売
1905年　日本除虫菊貿易㈾設立
1909年　日本貿易輸出㈾設立。除虫菊乾花および除虫菊粉の輸出が本格化
1910年　「金鳥」の商標を登録
1919年　大日本除虫粉㈱を設立
1934年　殺虫液「キンチョール」発売
1935年　大日本除虫菊㈱に社名変更
1940年　自動輪転打ち抜き式渦巻型蚊取り線香製造機完成

CASE 02

松竹

芝居に生涯をささげた二人のまなざし

1877年、京都の相撲興行の売店で働いていた大谷《おおたに》夫妻に双子の男の子が生まれた。兄の名は松次郎、弟の名は竹次郎という。この二人、日本の伝統芸能を今に伝える陰の立役者といっても過言ではない。

演劇界を変えた鋭い視線

祖父が劇場で売店を経営していたことから足しげくそこに出入りし、舞台に魅了された大谷兄弟は芝居興行を肝に銘じた。1895年、竹次郎は京都新京極の芝居小屋である阪井座の出資者の一人となった父から仕打《しうち》（興行主）を任された。これが松竹の創業である。松次郎は同地区の劇場で売店を経営する白井家の婿養子となっていた。兄弟は力を合わせて阪井座、常盤座、大黒座、布袋座など、芝居興行を次々と手がけた。

１９０２年、新京極に「明治座」（後の松竹座）を新築開場した。このとき、大阪朝日新聞京都版が兄弟の手腕と信用の厚さを紹介する「松竹《まつたけ》の新年」という記事を掲載、これを機に二人は松竹《まつたけ》合資会社を起こした。１９０６年には大阪に進出、朝日座、中座などを経営下に収めた。

当時の芝居興行は細かい縄張り、勝手な取り分、プログラム無視の狂言変更、時間にルーズな役者、売店売上のための幕間《まくあい》時間の延長と、乱脈を極めていた。二人は場内販売を直営に、従業員を給料制にするなど改革に努めた。時間通りに幕を開け、役者にキチンとせりふを覚えさせ、大道具や小道具にも的確に指示を出して、観客本位に関係者の意識を変えた。

京都と大阪で力を得た兄弟は東京へ進出した。１９１０年に新富座と本郷座を買収、そして築地に事務所を開設して、東京は大谷竹次郎、関西は白井松次郎の担当とした。しかし、東京では、役者からも観客からも反感をもたれるばかりであった。特に、大ボスといわれた歌舞伎座の田村成義《なりよし》からの風当たりは強かった。四面楚歌の竹次郎は誰よりも働き、「皆さんよろしゅう」と頭を下げた。その歌舞伎座を獲得できたのは１９１３年である。田村の抵抗が裏目に出たからだ。持ち株を売却したいという歌舞伎座の重役らの申し入れに応じ手付金を払った竹次郎に、田村は当時の商法による倍額返却をして破談にもち込んだのだ。この費用が役者からのかき集めによるものだと知った竹次郎は、手付金のみ受け取り破談を受け入れた。

この心意気に江戸っ子は喝采した。そしてこれが契機となって、竹次郎は歌舞伎座を手に入れたのである。

また、関西で演劇界をリードできたのは、俳優の管理を松竹が一手に引き受けるという、プール制が効果を発揮したからだと判断した二人は「もっと合理化するには役者を囲い込んで融通し合うことだ」と、1929年に東京の主な劇場とともに、全歌舞伎俳優を松竹の傘下に入れた。

舞台の外に見つけたもう一つの活気

1919年、米国で当時最大の撮影所をもつ会社を視察した白井信太郎（兄弟の末弟で松次郎の養子）らは「活動写真は世界を相手の大事業になる」と確信し、翌年に松竹キネマ合名社を創立、蒲田撮影所を開所した。しかし、映画事業は芝居とは似て非なるもの。芝居は劇場ごとに日数を決めて興行するが、映画は一日も休むわけにいかない。それに社内に専門家がいない。米国からカメラマンや撮影監督を招いたり、機械や設備を購入したりする費用もかかる。それでも、活気と希望が満ちあふれている製作現場に「これからの娯楽」を実感した竹次郎は専門知識をもった若いスタッフや俳優を積極的に登用した。特に28歳で入社、1924年に蒲田撮影所長になった城戸《きど》四郎は、大衆心理を分析して清新なリアリズム映画をつくり、松竹映画を見事な成功に導いた。映画製作第一作は1920年の「島の女」。1931年には日本初のトーキー映画「マダムと女房」を公開、大評判となった。トーキー製作への移行により、1936年、撮影所を蒲田から大船に移転、規模は5倍になった。

1937年、日中戦争が勃発し、興行界は萎靡《いび》沈滞した。松竹は非常事態を突破するため、1931年に発足した松竹興行（松竹合名会社の後身）と松竹キネマを合併して松竹《しょうちく》を新発足し、会長に松次郎、社長に竹次郎が就任した。合併の目的は「複数の資本系統による不合理を解決して、冗費節約の実をあげること」であった。

第2次世界大戦中は、劇場の閉鎖や空襲による被災、物資不足など、芝居どころではなかった。終戦後も、GHQ（連合国軍総司令部）が忠義や孝行、義理人情のための犠牲などを多く題材とする歌舞伎の上演を制約、映画も資材や器材が不足したため、苦しい日々が続いた。

1951年1月、東京大空襲により焼失した歌舞伎座を再興、3月には日本初のカラー映画「カルメン故郷に帰る」を、1953年に「君の名は」を上映し話題となった。

伝統芸能の未来を見つめて

1955年、文化勲章を受章した竹次郎は、翌年、勲章の副賞で、松竹が大切に保存してきた台本や映画のシナリオをもとに、演劇と映画専門の松竹大谷図書館を設立した。会社の資料を社会的貢献に生かしたのは「演劇・映画界全般が受賞したのだ」と考えたからだった。

現在も歌舞伎座には連日大勢の観客が訪れている。しかし、歌舞伎座は1889年に最初に竣工してから3度も焼失した。最初は1921年に漏電により、2度目はその再建中、関東大震災で罹災《りさい》、3度目は1945年、空襲で焼失した。このとき竹次郎は「増資で建設資金を賄って復興したい」と主張したが重役たちの賛成を得られず、歌舞伎座を株式会社として独立させ、一般から資金を募集して1950年12月に竣工、翌年1月に開場した。焼失の度に歌舞伎座の復興を果たしたのは、芝居への一途な執念だった。

歌舞伎をはじめとする演劇界、興行界を改革し、事業として確立した双子の兄弟。芝居に魅了されても、役者ではなく〝演劇事業〟に傾注したところに非凡さがあった。明治以降、130年近くにわたる同社の歴史は、そのまま興行界の発展史に通じる。松竹は現在、演劇、映画、不動産・その他事業と、三つの事業を中心に夢と感動を提供し続けている。

〈参照社史〉『松竹百年史』(1996年)、『歌舞伎座百年史』(1993年)ほか

松竹の歩み

1895年　大谷竹次郎が京都新京極・阪井座の興行主となる
1902年　兄白井松次郎と松竹《まつたけ》㈾を起こす
1910年　大谷東京に進出、築地に事務所を開設、白井は関西を受け持つ
1920年　蒲田撮影所開所
松竹キネマ㈾設立、第1作「島の女」を製作。翌年松竹キネマ㈱に改称
1929年　全歌舞伎俳優、松竹傘下となる
1931年　日本初のトーキー映画「マダムと女房」封切
1936年　神奈川県に大船撮影所開所、蒲田撮影所閉鎖
1937年　松竹興行㈱と松竹キネマ㈱が合併して松竹《しょうちく》㈱が誕生
1949年　㈱歌舞伎座設立
1951年　日本初のカラー映画「カルメン故郷に帰る」を上映
1955年　大谷竹次郎が文化勲章を受章。翌年、記念の松竹大谷図書館設立
1963年　ボウリング場、不動産、テレビ映画等、経営多角化に着手

CASE 03

レンゴー

段ボールを生み広めた包装界のパイオニア

段ボール原紙から段ボール箱に至るまで一貫生産体制をもつ段ボール箱のトップメーカー、レンゴー。その歴史は、わが国の段ボールの発展史ともいえる。

放浪・転職の末に再出発を決意

レンゴーの創立記念日は4月12日。しかし、その日は会社を設立した日ではない。同社の創立者・井上貞治郎《ていじろう》が、1909年に桜満開の東京・上野公園で裸一貫からの再出発を決意した日である。

井上は兵庫県揖保郡（現・姫路市）の出身。由緒ある農家に育ったが、「商売を覚えて偉うなったろ」と14歳で丁稚奉公に出た。しかし、仕事は雑用ばかり。成功を夢見て職を転々として内地、中国大陸と各地を放浪、気が付けば27歳になっていた。持ち金は10銭だけだった。

働き口を見つけ、ようやく借りられた二畳間の住まいで思索の末に出した「金《きん》（カネ）と間《ま》（好機）は握ったら離すな」は、後に井上が提唱した「きんとま哲学」になった。

包装との出会いは、大工道具などを売っている店にあった、ある機械に目をとめたことだ。主人に尋ねると、「あれは段ロールといって、ボール紙をぐねぐねと曲げる道具だ。電球や瓶などを包む緩衝材になる」という。調べてみると、ボール紙に段をつけた紙は1856年に英国で発明され、米国、ドイツなどでガラス瓶の包装に使われていた。

「外国品に劣らないものを作りたい。しかし、まったく初めてのものよりパン屋でもやるか」――迷って稲荷降《いなりおろし》に占ってもらうと、白髪の巫女《みこ》が「紙じゃ、紙じゃ、紙の仕事は立て板に水じゃ」と叫んだ。

日本初の段ボール箱の誕生

1909年8月、二人の出資者を得ることができた井上はさっそく、東京で三盛舎《さんせいしゃ》を設立する（同年、三成社に社名変更）。黄ボール紙に機械で皺《しわ》をつける作業に挑み、2カ月かけて波形の紙を完成させた。井上はその紙を「段ボール」と名付けた。

前後して飛び込み営業を重ね、200枚の注文を取り付けると、少しずつ得意先ができていった。

大正時代に入ると、「三成社」と「段ボール」の知名度が上がり、顧客層も広がって、受注量は一気に増えた。

1914年、香水半ダース入りの包装用紙箱の注文に応じ、井上は自ら箱作りに取りかかり、ヘラと定規を手に見よう見まねで紙箱を作り上げた。わが国における初の「段ボール箱」であった。これを機に、ドイツから製箱専用の機械を導入すると、段ボール箱の製造・販売に一段と拍車がかかった。

1920年、同業5社合併により、聯合《れんごう》紙器を設立、井上は筆頭常務として経営に当たった（1926年に社長昇格）。1923年の関東大震災では、東京の本社と工場が壊滅する甚大な被害が出たが、業績はびくともしなかった。社内外の猛反対を押し切って井上が取得した大阪の千船工場が、稼働を開始していたからだ。同工場は震災の1カ月前に、原紙・段ボール・段ボール箱の一貫生産体制を敷いたばかりだった。

緩衝性、軽量、梱包後の容積が小さいことなど、優れた特性を有した段ボール箱は、1924年夏の電気博覧会と第1回国産品博覧会で共に「優秀品」と認定され、新聞でも「木箱より強い」と報じられると、製商品の輸送に不可欠な梱包・包装資材となった。

ところが1936年、井上は大きなショックに見舞われる。東京電気（現・東芝）が段ボール箱の自社生産を表明したのだ。長年の筆頭ユーザーがライバルに転じては、会社の存続は危うい。井上は東京電気に資本提携を申し入れ、増資した株の半数を渡す代わりに製紙会社と工場を譲り受けることで、危機を脱した。

機をとらえ総合包装企業へと進化

高度成長期に入ると、テレビ、冷蔵庫など家電製品が一般家庭に普及、さらに政府の森林資源保護政策もあって木箱から段ボール箱への転換が進み、段ボール箱の需要は毎年2桁の伸び率が続いた。

業容の拡大が続く一方で、長期にわたる労働争議が発生して社内は荒廃した。一方、社外では新旧の段ボール箱メーカーが競争を激化させていた。

内憂外患の状況下、同社は労組の要望に応えて、「5・5計画」(会社設立50周年、売上高500億円、利益率5%、給料1・5倍と「5」のつく数字を並べ、英語のGo! Go! と語呂を合わせたもの)を掲げ、従業員から圧倒的な共感と支持を得た。

計画の実現に向けて、同社は労使一体となって「段ボールひとすじ」からの脱皮を図った。包装を一つのシステムとしてとらえ、個装、内装、外装のすべてについて包装材料・形状・デザインの提案、商品の軽量・充填・集積・包装にかかわる機械装置の選定、さらには保管・輸送まででも取り扱うようになった。商品企画の段階から参画することで、商品ごとに最適な包装体系を提供する「総合包装企業」への転換を果たしたのだ。

その後、コンピュータ活用によるさらなる生産性向上、個別原価計算制度の導入など、同社は一層の体質強化を図った。同時に生産拠点の拡充、不織布や粘着テープなど新事業にも取り組んだ。

1990年代後半、缶ビール類が普及したことによって、同社は売り上げをさらに伸ばした。その背景には、スーパーやコンビニでも酒類を取り扱えるようになったこと、マルチパック（商品を複数個まとめて見栄えよく包装する紙器）の採用が進んだこと、ビール需要が瓶から缶に変化したことなどがあった。

井上貞治郎は1963年に没したが、1959年に自叙伝『生涯の一本杉』を著し、日本経済新聞の「私の履歴書」に寄稿すると、テレビドラマ、芝居、小説、映画にもなって「流転ブーム」を引き起こした。

段ボール箱の誕生以来、1世紀以上の歴史を歩んできたレンゴー。リサイクルの優等生といわれる段ボールを核に「ゼネラル・パッケージング・インダストリー」（GPI）として、今も時代のニーズに応えながら、進化を続けている。


〈参照社史〉『レンゴー株式会社八十年史』（1995年）、『レンゴー株式会社百年史』（2009年）

レンゴーの歩み

１９０９年　８月、井上貞治郎が二人の出資者とともに東京で三盛舎設立。段ボールの事業化に着手。12月に三成社に社名変更
１９１４年　段ボール箱を製造
１９２０年　関連５社合併により聯合《れんごう》紙器㈱設立（本社は東京）
１９２３年　日本製紙㈱を吸収合併し大阪・千船工場とする
１９２６年　本社を東京から大阪に移す
１９３６年　東洋一の板紙・段ボール箱一貫生産工場の淀川製紙工場竣工
東京電気㈱（現・㈱東芝）と資本提携
１９４５年　空襲で国内７工場を消失。戦後により全在外資産を喪失
１９７２年　レンゴー㈱に社名変更
１９８３年　段ボール箱にオフセット印刷を導入
１９８４年　東京支社開設（１９９１年に東京本社に改称）
１９８９年　シンガポールに海外進出の拠点を置く

カゴメ

CASE 04

トマトを変身させた農家の努力

ケチャップやソース、ジュースなどトマト加工食品の先駆者にして最大手メーカー、カゴメ。その歴史は、明治時代、農家であった創業者の蟹江一太郎が西洋野菜に出合い、売れないトマトをめげずに栽培し続け、加工の努力をしたことに始まる。

西洋野菜への挑戦と嫌われたトマト

1875年、蟹江は愛知県知多郡名和村（現・東海市名和町）の農家に生まれた。生家の佐野家と18歳で婿養子に入った蟹江家は徒歩30分弱の距離にあり、ほぼ同じ規模の農家だったが、地勢も営農の様態も異なっていた。米麦が主の佐野家に対し、蟹江家ではミカンや野菜を栽培するほか、大がかりな養蚕も行うなど、採算性に重きを置いた複合的農業を手がけていた。

兵役時代に上官の西山中尉から「これからの農業は現金収入を多く確保すべきだ。誰もが作っている作物では生産過剰で値が下がる。西洋野菜には将来性がある」と教えられた蟹江は、除隊後の1899年、名古屋の農事試験場に勤務する佐藤杉右衛門の斡旋でキャベツ、パセリ、玉チシャ(レタス)、ハクサイ、ダルマニンジンなどの種を手に入れ、栽培に着手した。当時、西洋野菜はごく限られた需要しかなかったが、ホテルや西洋料理店を顧客にすると、多くの西洋野菜は予想以上の値段で確実に売れた。

しかし、トマトだけは違った。誰もが鼻をつまんで駆け出すほど臭いが強烈だったために買い手がなく、苦労して作っても捨てるか腐らせるしかなかった。愛知県農事試験場の技師であった柘植《つげ》権六から、「連作を避ける。支柱を立てて摘芯・摘芽を行う」など技術的な知識も得た。その結果、それまでの倍の数のトマトができて、事態は一層深刻になった。

加工によりトマトを人気食品に

蟹江は、柘植がふと漏らした「米国ではトマトを加工しても食べているようです」という言葉を思い出し、加工して嫌な臭みを消せば、売れるようになるのではないかと考えた。

西洋料理店の主人であった平野仲三郎から「トマトソースというものがある」と教えられた蟹江は、地元で唯一の洋式ホテルだった名古屋ホテルを訪ね、料理長から一瓶分けてもらい、それを見本に家族総出で加工法を研究した。トマトを鍋で煮ながらつぶし、それを裏ごししてみると、見本と変わらない味の赤い液体ができあがった。

１９０３年、トマトソース（現在のトマトピューレ）の製造販売を開始。ビール瓶に詰め、4ダース入りの箱で5、6箱分を製造した。蟹江が製品を持って最初に訪ねたのは平野だった。平野は、蟹江が舶来品にも劣らないものを自力で作り上げたことに驚き、2ダースを買い上げるとともに、洋風食品問屋の梅澤岩吉商店を紹介してくれた。店主の梅澤はトマトソースの将来性を見抜き、蟹江が初年度に製造した製品の大半を引き受け、2年後には独占販売契約を締結、両社の関係はその後70年以上にも及んだ。

１９０６年、60坪の工場を建設して本格的な生産に入り、3年後に５０００箱、5年後には６０００箱と生産は驚異的に伸びたが、ここで新たな問題が発生した。その頃、近隣でトマトを作っていたのは蟹江家だけであったため、原料の確保が追いつかなくなったのだ。それまではトマトの始末に困っていたのに、今度は足りないという悩みである。

ところが、蟹江家のトマトソース作りの様子を知り、できたトマトをすべて引き取ってくれるなら、栽培してもよいという農家が何軒か出てきた。そこで蟹江は、近隣の農家との契約栽培を開始し、材料確保の問題を解決。さらに、農家を組織化し、分担制による一貫した加工体制も確立した。

加工食品の成功と農業を大切にした精神

１９０８年には、後に同社を代表する製品となったトマトケチャップやウスターソースの製造に取り組んだ。暗中模索で挑んだトマトソースに比べて、ウスターソースの原料や製造工程はあらかじめわかっており、生みの苦労は少ないと思われた。しかし、味と香りの決め手となる香辛料の調達が難問であったことや、日本人の舌になじみやすいように味や香りをまろやかにするための試作を繰り返したことなどから、かなりの苦労と時間を要した。こうしてできあがったウスターソースは、発売当初から好調な売れ行きを示し、ヒット商品となった。

当時、周辺の農家の平均年収は３００円。農作物は田畑が増えない限り、収穫量も増えないが、蟹江家では１９０８年には総売上高１０７５円、４年後には５０１０円と5倍近い伸びをみせ、農耕だけでは実現不可能な規模にまで発展した。これにはソースの売り上げが大きく貢献しており、１９０８年には47・4％、４年後には91・1％を占めた。

１９１４年12月、愛知トマトソース製造を設立、１９１７年にはカゴメ印を商標登録した。この商標が現在の社名になっている。

トマト加工はもうけも大きかったが、蟹江は「加工はあくまでも農耕の副業、農家の遊休労働力の利用、年間を通じた労働力の配分であり、過剰な生産を行えば大量の在庫を抱える危険性がある」という慎重な姿勢を変えず、大正時代の半ば頃まであえてそれに専念しなかった。それは蟹江が実直な農民だったからだろう。同社の創業が、トマトソースを製造発売した年ではなく、西洋野菜の栽培を始めた１８９９年であることからもうかがえる。

現在の同社は「自然を、おいしく、楽しく。」というブランドステートメントのもと、「トマトの会社から、野菜の会社に」というビジョンを掲げ、調味料、食品、飲料など、幅広く革新的な商品を提供し続けている。

〈参照社史〉『カゴメ八十年史』（１９７８年）、『カゴメ一〇〇年史』（１９９９年）

カゴメの歩み

1899年	蟹江一太郎、西洋野菜の栽培に着手
1903年	トマトソース（現在のトマトピューレ）を製造販売
1908年	トマトケチャップ、ウスターソースの製造開始
1914年	愛知トマトソース製造㈾設立
1917年	カゴメ印商標登録（1983年、KAGOMEに変更）
1923年	愛知トマト製造㈱に改組・改称
1949年	関係5社を合併して愛知トマト㈱を設立、本社を名古屋市中区朝日町に移す
1963年	カゴメ㈱に社名変更、トマトマーク制定
1964年	チリソース、トマトソース発売
1972年	東京本部（現・東京本社）開設
1973年	野菜ジュース販売
1984年	トルコのタット（TAT）社と技術供与契約
1991年	東京本部を東京本社とする

関西ペイント

工業製品の相棒を目指して

CASE 05

関西ペイントの創業者は、1896年に岩井商店（現・双日）、1907年に白金莫大小《メリヤス》製造所（現・トーア紡コーポレーション）などを相次いで立ち上げた連続起業家、岩井勝次郎《かつじろう》である。同社は工業製品の着色やつや出し、保護などに使われる塗料のメーカーとして世界で存在感を示している。

塗料の将来性を見抜く

大正初年の1912年、岩井は東京帝国大学工学部の助教授、田中芳雄から化学工業の知識を学んでいた。とりわけ工業製品にとって必需品である塗料の重要性・多彩な可能性に心を動かされると、塗料メーカーを自ら設立する構想を練った。田中の同窓生で塗料技術者の玉水弘と知り合うと、構想は具体化に向かった。玉水の技術力に岩井の資本力と販売力が融合し、1918年、関西ペイントが誕生した。

創業して半年後に第1次世界大戦が終わり、不況で需要は激減、業界各社は販売高の維持・拡大のため、激烈な乱売合戦を展開をしたが、岩井は独自製品を開発して、品質面で他社と差別化を図ることにした。1920年に発売したニス「ジャパナイト」は、従来の油性ペイントと比べて耐水性・耐候性を飛躍的に高め、木造の家具や建具を長持ちさせる塗料と評価され、よく売れた。

1926年には、わが国初の国産ラッカー「セルバ」の工業化に成功した。揮発性が高く、速乾性のある塗料である。海外ではラッカーの主な塗装方法はスプレー塗装だったが、当時の日本ではなじみがなかった。岩井は1927年にセルバ塗装研究所を設立し、スプレー塗装の方法を塗装業者に指導し、国内での普及に尽力した。セルバはヒット商品となり、同社の売上高は急拡大した。また岩井は、自動車工業が発達し、大量生産のために速乾性のある塗料のニーズが高まると予想し、国産ラッカーの生産を増やしていった。

化学工業の発展を成長につなげる

国産ラッカーとともにわが国の塗料に変革をもたらしたのは、合成樹脂塗料の開発である。天然資源に依存していた原料を化学合成でつくれるようになり、性能を飛躍的に改善した。

１９３０年にはフェノール樹脂塗料「ウルトラック」を、１９３１年にはフタル酸樹脂塗料「フタリット」を発売した。どちらも速く乾き、耐久力や付着力だけでなく、発色や光沢感にも優れた塗料だった。当初は自動車業界など特定の業界を相手に販売していたが、１９３３年から販売先を広げると、家具や機械器具、地下鉄の新造車両などさまざまな工業製品に使われるようになった。

こうして、同社の知名度・信頼があがると、大阪朝日ビル、大阪城天守閣、大阪歌舞伎座、大阪ガスビル、京都市美術館など関西地方の有名な建造物や地下鉄、省線（現・ＪＲ）の新造車両にいずれも同社の製品が使われるようになった。

関西地方を主力エリアとして成長した同社は、１９３３年に東京に工場と支店を開設して、全国的な事業基盤を確立した。また、１９３８年以降、中国やインドネシアなどに工場を開設し、海外展開にも力を入れていった。

第2次世界大戦中は軍需工場に指定され、兵器や航空機、軍艦などに使う塗料を製造していたため、１９４５年には本社や各工場を空襲で焼失した。さらにわが国が敗戦すると、海外の工場と市場も一挙に失い、業績は急激に悪化した。

戦後、わが国に駐留した連合国軍の住宅や兵舎など大量の塗料を使用する工事や復興需要に支えられて、同社の業績は回復に向かった。また、１９５０年以降の住宅建設、ラジオ、ミシン、スクーター、自動車の増産など、近代化による活発な塗料需要に応えて生産設備の近代化・拡充を行った結果、塗料生産高は拡大を続けた。

受け継がれる創業者の思い

新技術の開発は戦後復興のための大きな課題であった。同社は戦時中の空白を埋めて、欧米の技術レベルに追いつくために開発に注力、1950年に発売した4種の新製品はいずれも従来の塗料には例のない機能を有しており、建造物や自動車、家電製品などの塗装に使われた。例えば「アミラック」は、メラニン樹脂系の焼付塗料で、従来の塗料とは比較にならないほど焼付時間が短く、塗膜の光沢感や耐久性に優れ、金属製品の塗装によく用いられた。

1951年には、海水による腐食や藻・貝の付着から船底を保護する塗料「ビニラ」を開発、船舶塗料という重要な市場への進出も大きく進展した。

同社は増え続ける需要に対応するため、1960年から1971年にかけて神奈川県平塚市、愛知県名古屋市、栃木県鹿沼市に大型工場を次々と新設し、生産体制を強化した。1960年には「カンペ家庭塗料」シリーズを発売、大阪と東京に家庭塗料販売会社を設立して、大衆市場へ本格進出した。1965年には平塚市に中央研究所を開設、ガラスやレンガ、石などの無機物を配合した無機質塗料「バイタル」を開発した。紫外線や風雨で劣化しないという無機物の性質を利用して塗料の耐久性をいっそう高めたのである。

1968年にはタイ現地法人を設立、1972年には松下電工と共同で西ドイツへ無機質塗料の製造技術を輸出した。さらに船舶塗料では各国の有力企業と業務提携するなど、東南アジアや欧米で国際化を進めた。

2度にわたる石油危機のもとで、同社は徹底した減量経営・経営合理化に努める一方、「限られた資源の有効活用、環境保全のために低無溶剤型の塗料の研究を進めた。さらに塗料の製造・販売だけでなく、機器設備・施工管理・色彩設計など関連業務を総合してトータルシステム的に事業展開を図った。

2022年3月現在、関西ペイントの従業員数は連結ベースで約1万6000人、売り上げは約4020億円に上る。創業当初から一貫して独自性を追求してきた同社は、現在も優れた開発力を駆使して魅力ある塗料を世界中で提供している。海外に負けない優秀な製品をわが国でつくりたいと意欲を燃やした岩井のポリシーは、創業から100年以上経った今も受け継がれている。

〈参照社史〉『明日を彩る：関西ペイント六十年のあゆみ』（1979年）

関西ペイントの歩み

1918年	兵庫県尼崎市に関西ペイント㈱を設立
1926年	国産初のラッカー「セルバ」を発売
1927年	大阪府にセルバ塗装研究所を開設
1933年	東京支店設立、東京工場を竣工
1950年	大阪府に本社事務所を開設
1960年	神奈川県に平塚工場竣工
1961年	愛知県に名古屋工場竣工
1965年	神奈川県平塚市に中央研究所を開設
1968年	タイに現地法人・タイカンサイペイント社を設立
1971年	栃木県に鹿沼工場竣工
1987年	米国に現地法人・カンサイペイントアメリカ社を設立 新企業商標「ALESCO」を制定
2000年	国産初の自動車補修用水性ベースコートを開発

江崎グリコ

健康に貢献するための創意工夫

CASE 06

バレンタインデーを目前に控えた2月11日は、菓子・食品メーカー、江崎グリコの創立記念日である。その社名の由来は、創業者の江崎利一《えざきりいち》と、彼の人生を決定づけた栄養素、グリコーゲンの組み合わせだ。

グリコーゲンとの出会い

江崎グリコの創業者・江崎利一は1882年、肥前国神埼《かんざき》郡蓮池村（現・佐賀市蓮池町）に生まれた。抜群の成績で高等小学校を卒業すると、家業の薬種業を手伝い、早朝は茶がゆ味つけ用の塩を売り歩いた。仕事の合間を見ては勉学にも励み、近所の篤学《とくがく》の士、楢村佐代吉《ならむらさよきち》に師事した。「売る人と買う人の共存共栄がなければ商売は成り立たず、発展もしない」と商売の本質を教えられ、「事業即奉仕」は江崎の一生のバックボーンになった。

18歳のときに父が他界すると、6人家族の全責任と多額の借金が、長男である江崎にのしかかった。登記代書業(現在の司法書士)も開業して朝から夜まで死に物狂いで働いた結果、3年で借金を完済し、かなりの貯金までできた。

江崎は周囲の事物に対する注意力と観察力に長けていた。33歳の春、阪神方面から瓶詰めの葡萄酒を仕入れ、その後、空き瓶を回収して送り返す事業者を見て「樽ごと仕入れて、こちらで瓶詰めにすればいい」と始めた葡萄酒の瓶詰め・量り売り事業は大当たりし、九州でも指折りの葡萄酒業者になった。

さらに4年後の1919年、江崎は人生を変える出来事に遭遇する。筑後川の川原で、むいたカキをゆでる大釜から煮汁が吹きこぼれているのを見て、昔、薬業新聞に「カキには多量のグリコーゲンが含まれている」という記事があったのを思い出したのだ。

グリコーゲンはエネルギーの素といわれるほど栄養価が高く、世界的に称揚されていた。漁師から一升瓶2本分の煮汁を分けてもらい、水あめくらいに煮詰めて九州帝国大学(現・九州大学)で分析してもらうと、グリコーゲンが豊富に含まれていることがわかった。チフスで衰弱していた8歳の長男(後の同社副社長・江崎誠一)にグリコーゲンのエキスを与えてみると、めきめきと快方に向かった。グリコーゲンの効能を実感した江崎は、事業化を決意する。

キャラメルに込めた思い

はじめは薬にしようと考えていたが、九大の医師に「予防こそ治療に勝る。病気にかからない体をつくることが大切だ」と言われ、子どもに人気が高いキャラメルにしようと決めた。なんとかキャラメルらしきものにするのに2年を費やした。

製品の名称は、グリコーゲンにちなんで「グリコ」、パッケージの色は、先発の森永ミルクキャラメルの黄色と差別化でき、人目を引いて食欲もそそる「赤」、デザインは、近所の神社でかけっこをしている子どもたちを見て、両手を上げてゴールするポーズ——あの有名な大阪・道頓堀で輝くグリコサインに決めた。そしてキャッチコピーは「一粒300メートル」。当時、佐賀から汽車に乗るとき、口にほおばると博多に着くまで長持ちするというあめ玉にヒントを得たが、実際、一粒のグリコには300メートルを走るだけのカロリーがあった。

1921年3月、地元での薬種業と葡萄酒業を辞めた江崎は、大阪でグリコを発売する。しかし、売れない。「製品の権威を高めるには、小売店の頂点に売り込むのが一番」と、大阪の三越百貨店に飛び込み営業をする。断っても断ってもあきらめない江崎に三越はついに根負けし、1922年2月11日、三越の売り場にグリコが並んだ。江崎は「この喜びや感激を生涯忘れないように」と、この日を同社の創立記念日にした。

知名度が上がり、拡販・増産が続いたが、1925年の夏のはじめから翌年にかけて返品が相次いだ。殺到した注文は問屋からで、小売店では思ったほど売れていなかったのだ。再販や再生産に回すなど全力を挙げて危機を脱したが、手持ち資金の3分の1を失った。

さらに1927年4月には、唯一の取引銀行だった近江銀行が金融恐慌により倒産、手元現金以外のすべての資産を失った。息の根も止まる思いで、北浜の第一銀行(現・みずほ銀行)に手形の割引を頼み込んだ。「半年以上のお取引がなければ……」と断っていた銀行も、生産・販売計画を具体的に語り、事業に対する信念を切々と訴える江崎の熱意に打たれ、ついに応じてくれた。

独創性あふれる手法

ピンチを脱した江崎は販売戦略を練り直した。「子どもにとって食べることと遊ぶことは二大天職である。栄養菓子グリコと豆玩具を一つの箱に入れれば、知識・情操・心の健やかな発育に役立つ」。その発想が生み出した「オマケ(おもちゃ)付グリコ」は人気を博した。おもちゃの考案・選定にあたっては、教育や玩具の専門家の意見も採り入れ、慎重を期した。

若い頃から独学で広告宣伝が販売と密接な関係にあることを学んでいた江崎は、「割引券付チラシ」、小さな袋にグリコを2粒入れ、特徴を包装に印刷した「風味袋」(試食サンプル)、おみくじに着想した木製の「公徳販売器」、さらには「映画の映る自販機」などを世に送り出した。

独創性は製品づくりにも見られる。江崎の手法は、商品ができてからキャッチコピーを考えるのではなく、先にコピーを決め、それに合った製品をつくるというもの。例えば、1955年に発売したアーモンドグリコのコピーは「1粒で2度おいしい」。そこで、口に含むと牛乳のエキスの味が、かむとアーモンドの香ばしさが、口のなかに広がるようにした。1958年発売のアーモンドチョコレートは、時間と人手がかかっても「他社ができないことをやる」をモットーに、アーモンドをひと山に1個ずつ入れ、ユニークとおいしさにこだわった。

薬屋と葡萄酒業で成功を収めながら、グリコーゲンとの出会いを機に、人生を再スタートした江崎。それは「栄養菓子をつくって人々の体位向上に役立てよう。食品を通じて国民の健康に貢献したい」という強い志があったからであった。その創業の精神は今も脈々と生き続けている。

〈参照社史〉『創意工夫：江崎グリコ70年史』（1992年）

江崎グリコの歩み

１９１９年　創業者・江崎利一がカキの煮汁に含まれるグリコーゲンを確認

１９２１年　大阪で合名会社江崎商店設立、栄養菓子グリコを創製し、試験発売。キャラメルの名称「グリコ」、両手をあげてゴールインするパッケージ、「一粒３００メートル」のキャッチフレーズも考案

１９２２年　2月11日、大阪・三越百貨店でグリコを販売（後に創立記念日に定める）

１９２７年　豆玩具（オマケ）創案

１９３１年　映画付きグリコ自動販売機を東京の百貨店などに設置

１９３３年　酵母菓子ビスコ発売

１９３５年　大阪・道頓堀にネオン塔を設置

１９５５年　アーモンドグリコ発売

１９５８年　江崎グリコ㈱に社名変更。アーモンドチョコレート発売

１９６６年　ポッキーチョコレートを発売

１９７２年　江崎記念館竣工

CASE 07

コマツ

グローバル化のうねりを成長のてこに

石川県能美郡国府村（現・小松市）にある竹内鉱業という会社で、工作機械や鉱山用機械をつくっていた部門が分離独立して小松製作所となった。これがコマツの源流である。創立者は竹内鉱業社長の竹内明太郎《めいたろう》。吉田茂元首相の実兄で、新興の気に燃えた産業人だった。

建設機械メーカーの土台

1921年の小松製作所創立後の10年間は、第1次世界大戦後の未曾有の不況で社員の解雇や管理職の減俸など最悪の状態が続いた。苦境脱出のために専務として招かれたのが、日本郵船ロンドン支店長や東京電灯（東京電力の前身）の役員などを歴任、財界に幅広い人脈をもつ中村税《みつぎ》だった。中村は満州、朝鮮、台湾などにも販路を伸ばし、技術者の養成にも力を注ぐなど経営再建に邁進《まいしん》し、1934年に社長に就任した。

1931年、満州事変が勃発、軍需で景気は回復に向かい、同社も急速に生産を伸ばした。会社をさらに強く大きくするには、独自の有力製品が必要と考えていたとき、農耕用トラクターの国産化を命題として掲げた農林省（現・農林水産省）からトラクター製造の委託が舞い込み、同年10月に国産第1号「G25型ガソリントラクター」を、35年には牽引力の大きい「G40型50馬力ガソリントラクター」を完成した。「G40」は軍馬補充部で盛んに使用されたほか、除雪作業や立木抜根用にも活用された。1938年にはわが国初のディーゼルトラクター「D35」も市場に送り出した。国産化を実現した同社は大量受注に備えて、1941年、小松市郊外に粟津《あわづ》工場を開設した。

太平洋戦争前から、同社は軍の要請を受けて、さまざまな牽引車両やブルドーザーの開発に取り組んだ。航空基地建設のために製造された「小松1型均土機」は国産ブルドーザーの元祖だ。一方、プレス部門は戦時体制の進行とともに同社の主力・軍需工業の花形となった。特に陸軍の戦車・牽引車の履帯（キャタピラー）の量産が軌道に乗り、陸軍の履帯需要の9割を同社製品が占めた。数々の苦心を重ねた軍需生産の経験は技術水準を大幅に向上させ、戦後の建設機械開発の技術的基礎を築いた。

切磋琢磨でレベルアップ

戦後、鍋釜などの製造を細々と続けていた同社を活気づけたのは、極度の食糧不足問題を解決するために機械による国土の開墾を織り込んだ政府の「開拓五ヵ年計画」だ。山林原野155万ヘクタールの開墾にはトラクター6000台が必要だった。同社は当時の農林事務次官・河合良成《よしなり》からの勧めで製造に応じた。しかし翌年、GHQ(連合国軍総司令部)がガソリン供給停止を命じたことから、農林省が突然トラクターの発注を取り消し、加えて労働争議が激化、経営はかつてない危機に直面した。窮余の一策として同社は、農林省を経て第1次吉田茂内閣で厚生大臣を務めた河合に助けを求めた。トラクター生産中止に道義的責任を感じていた河合は援助を快諾、組合幹部と話し合い、わずか3時間で争議を解決した。

この手腕と社内外からの強い要請により、1947年に河合は社長に就任、人員整理を行う一方、復興金融金庫からの融資で操業再開にこぎ着け、経営を立て直した。

1951年8月、本社を石川県小松市から東京・丸の内に移し、1952年に池貝自動車製造と中越電化工業を吸収合併して、建設機械メーカーとして地固めができた。

1947年にブルドーザーの生産を再開した同社は汎用《はんよう》化を目指し、自社製エンジンを搭載した新機種開発に挑んだ。高度成長の波に乗り、1960年頃にはブルドーザーの国内シェア60％を獲得、並行してフォークリフトなど産業車両やプレス機など産業機械も順調に成長して、国内の機械メーカーとしてトップポジションを築き上げた。ところが突然、会社存亡の危機が生じる。米国のキャタピラー・トラクター社が日本進出へ動き出したのだ。品質面で劣勢とされた小松製作所は反対運動を展開したが、新三菱重工業（現・三菱重工業）との合弁によるキャタピラー三菱（現・キャタピラージャパン）が１９６３年6月に設立されることになった。そこで小松製作所はキャタピラー迎撃作戦として「1年間でブルドーザーの品質を世界トップクラスにする」という方針を掲げて、対策本部を設け、全社一丸となって取り組んだ。具体的には、①第1回オーバーホールまでの実働時間をキャタピラー製品と同じ５０００時間にする、②修理費は本体価格の1・3倍以内、③機械寿命は1万時間、④機械の操作、整備の容易化などである。河合は「コストもＪＩＳ（日本工業規格）も無視しろ」とげきを飛ばした。設計者や技術者が思う存分能力を発揮できるよう「コストが高くついてもよいから質の高いものを製作せよ」「ＪＩＳよりも高い品質を目指せ」という指令だった。

不可能とも思われた難題を見事にクリアして、１９６３年9月、新モデルのブルドーザー「スーパー車」を売り出し、迎撃態勢を整えた。独力で世界の強豪に挑んだ同社の品質向上の歩みは、わが国における貿易自由化対策のお手本といわれた。１９６６年に完成した本社ビルの屋上には発展のシンボルとして、超大型のブルドーザー模型を展示した。

世界に定着したKOMATSUブランド

１９６４年まで17年間社長を務めた〝中興の祖〟河合良成は、同社を強力なリーダーシップで再建に導き、わが国建設機械メーカーのトップ企業に育て上げたのみならず、新分野へも次々と手を伸ばした。それらは後の多様な事業のベースとなっている。

同社は〝国際企業への脱皮〟に本腰を入れ、１９６０年代後半から輸出が伸長、海外拠点も増え、１９７０年代に入ると国際化戦略に拍車がかかった。

一方、建設機械では需要が急激に伸びた油圧ショベルがブルドーザーに代わって主役に登場した。１９６８年に油圧ショベルの生産を開始した同社は、１９７７年に同分野でトップに躍り出た。３年後の１９８０年には、油圧ショベルが同社の一番の売れ筋になった。

１９９１年に創業70周年を迎えると、社名の呼称をコマツ（ＫＯＭＡＴＳＵ）に変えた（登記社名は小松製作所）。コマツは現在、グループで建設・鉱山機械、ユーティリティ（小型機械）、林業機械、産業機械などの事業を展開、建設機械部門のシェアは世界第２位を誇り、売上高の８割を海外が占める。

〈参照社史〉『小松製作所五十年の歩み』（１９７１年）、『世界への飛躍と技術革新：コマツ80周年記念誌』（２００１年）

コマツの歩み

1917年　竹内鉱業㈱（1894年創立）、小松鉄工所を開設、工作機械、鉱山用機械を生産
1921年　小松鉄工所を竹内鉱業㈱より分離し、㈱小松製作所を設立
1931年　農耕用トラクター国産第1号完成
1943年　国産ブルドーザーの原型「小松1型均土機」製作
1947年　「D50ブルドーザー」1号機完成
1951年　本社を石川県小松市から東京都千代田区丸の内へ移転
1953年　フォークリフト生産開始
1955年　アルゼンチンに建設機械を輸出
1966年　東京都港区赤坂に本社新社屋（小松ビル）竣工
1967年　同社初となる海外現地法人・小松ヨーロッパ㈱をベルギーに設立
1968年　油圧ショベルの生産開始
1975年　子会社のコマツブラジル㈲で海外生産開始
1991年　社名の呼称をコマツ（KOMATSU）に変更

CASE 08

セメダイン

〝つける〟に見出したビジネスの芽

建設現場や工場、家庭などさまざまな分野で使われている接着剤。セメダインの創業者・今村善次郎が接着剤の国産化に挑んだのは、今から１００年以上前の１９１９年、30歳のときだった。

家族に支えられた創業期

接着剤が英国や米国、ドイツから輸入されるようになったのは明治半ば頃。冬に固まらず、夏にも適当な硬さを保ち、チューブ入りという使いやすさが画期的で、市場を席巻した。大正初期になっても、わが国では旧態依然とした「のり」しかなかった。ただ、高価な輸入品も熱や水には弱くて剥れやすく、特に梅雨の季節には欠点が目立った。そうしたなか、今村善次郎は30歳のときに一念発起して、日本の風土に合った接着剤の国産化を目標に研究を始めた。

1919年のことである。

研究といっても推量と勘と意気込みが頼りで、専門知識も研究資金もない。借家住まいの一室に試験管や鍋、釜を持ち込み、家中をベタベタに汚し、全身「のり」まみれの悪戦苦闘であった。今村に理解を示したのは、まだ和服中心の当時、婦人服のデザイナーとして一流の腕をもっていた妻だけだった。パートナーに支えられながら、何とか製造にこぎつけたのは研究開始から4年後の1923年11月だった。

今村はネーミングにコピーライターさながらのセンスを発揮し、製品に「セメダインA」と命名した。「セメダイン（CEMEDINE）」は、結合材としての「cement」と力の単位を表す「dyne」の合成語で「強い結合、接着」を意味するが、外国製品、特に英国製の「メンダイン」を市場から「攻め出す」という駆逐の闘志も込められていた。1931年には「セメダイン」を商標登録した。さらに、のりの持つ接着力のイメージよりも強力な印象を与える適切な呼び名はないかと思案し、「接着剤」という言葉を創り出した。接着〝材〟ではなく〝剤〟としたのは、当時、文房具店と並んで、薬局が有力な販売店だったからだ。とはいえ、生産体制は家内工業そのもので、工場兼研究室兼販売店は住居。充填機もないから注入にはやかんを用い、ラベル貼りには親類や知人を動員した。

今村は製品のデザインや販売方法にも新機軸を打ち出した。消費者に強いインパクトを与

える べく、黄色いチューブに赤字を配したカラフルなデザインにした。また、つき具合を実際に見てもらうため、デパートや街頭、博覧会等で実演販売を行った。マスコミの影響力にも注目し、新聞・雑誌を使った大々的な宣伝も行った。これらの取り組みは、当時、しかも一介の商店主にとっては、思い切った巨額の先行投資であった。

今村は引き続き接着剤の研究製造に邁進《まいしん》した。飛躍的に進化したのは、化学工業学校を出た30歳の技師が技術顧問に加わった1938年の春だ。人工材料による新しい型の接着剤の開発に先鞭《せんべん》をつけ、「セメダインC」の製造に成功した。ニトロセルローズを素材とし、性能と仕上がりの美しさの両面において外国製品を凌駕《りょうが》する溶剤型接着剤だった。「なんでもよくつくセメダイン。無色透明、耐水、耐熱、速乾性良し」というキャッチフレーズで大々的に発売したこの新製品は大好評を博し、同社の基盤を確立するとともに、わが国の接着剤の代名詞となった。なお、「セメダインC」は2013年に日本初の合成接着剤として、国立科学博物館が選定する重要化学技術史資料（未来技術遺産）に登録されている。

戦後の復興・高度経済成長が追い風に

製品はヒットしたものの、従業員数は家族を含め6、7人という体制で、家業から企業へなかなか脱皮・変身できずにいた。自宅の周りの道路上で溶解作業を行ったり、近くの公園に材料を運んで下ごしらえをしたりするという貧弱さだった。製品の瓶詰め、ラベル貼りは近隣の主婦が内職でやったが、これは、労働力の確保と同時に、商品に親近感を持たせ、それを消費に結びつけようという涙ぐましい販売戦略でもあった。急遽、荒川区に80坪の土地を借り、700円を投じて、古材を使った住宅を1カ月で建築、これが「新工場」になったが、近所にはほとんど家もなく、あたりは見渡すかぎりの荒野であった。

1948年4月に株式会社になったが、家業的体質が抜けず、多くの女性従業員が畳敷きの作業場で「セメダイン」の箱詰めの作業をやっていた。充填作業には自転車の空気入れを使っていたのだが、その担当は「エアガール」と呼ばれた。スチュワーデスを連想させるこの名前がいたく気に入って、従業員は機嫌良く働いたという。

活気づいたのは戦後復興から高度成長時代だ。木工用、家庭用などの一般用製品に加えて、住宅・ビル・商業施設などのさまざまな建築現場での内外接着工事やシーリング防水工事に用いる接着剤やシーリング材、自動車などの工業用と、接着剤の需要が拡大してきたのである。

起業家ならではの着眼点

1956年9月、社名を現在のセメダインに変更した。この前後から、工業用製品の需要が増え、1957年には工業用接着剤・シーリング材の売り上げが一般用製品を上回った。そこで東京工場の拡充や茨城工場の新設など生産体制を強化するとともに、１９５２年には自動車用特殊塗料を開発、１９５９年には粘着テープ類の製造を開始するなどして、需要の増加に対応した。

30歳から20年近くもの間、信念だけで接着剤の研究開発に没頭してきた今村善次郎。不撓《ふとう》不屈《ふくつ》の精神力と執念にも似た努力には脱帽だが、起業家としての先見の明もうかがえる。当時、わが国では接着剤は地味な商品と捉え、国産化に目を向ける者がいなかったために、参入企業がほとんどなかった。他方、物資が少なく、人々はモノを大切に補修して使った時代である。接着剤には根強い需要があった。今村はこうした情勢を冷静に観察し、ビジネスチャンスを見出していた。

現在、同社は家庭用、工業用、建築用、土木用と、あらゆるものをくっつける世界的にも珍しい接着剤の専業メーカーとして社会に貢献している。合成接着剤の重要性・将来性に着目した今村の「時代と市場を見る目」は、大きく花開いた。

〈参照社史〉『セメダイン五十年史』（１９７３年）

セメダインの歩み

1923年　今村善次郎が東京で接着剤の製造販売を開始
1931年　「セメダイン」を商標登録
1938年　「セメダインC」を発売
1941年　㈲今村化学研究所を設立
1948年　㈱今村化学研究所へ組織変更
1949年　大阪支店（現・大阪事業所）を設置
1956年　セメダイン㈱に社名変更
1978年　台湾に子会社を設立
1981年　タイに関連会社を設立（現子会社CEMEDINE（THAILAND）CO.,LTD.）
1992年　超多用途弾性接着剤「スーパーX」シリーズ発売
1999年　ヘンケル社と合弁会社セメダインヘンケル㈱を設立
2005年　茨城県に茨城物流センターを設置

エーザイ

生涯にわたり研究に励んだ起業家

CASE 09

ビタミン剤「チョコラ」、乗り物酔い防止薬「トラベルミン」、胃腸薬「サクロン」、ハンドクリーム「ザーネクリーム」などで、古くから知名度がある製薬会社、エーザイ。同社は、内藤豊次《とよじ》が定年間際に起業した会社である。

独学で身につけた学問と薬の知識

内藤豊次は１８８９年、福井県丹生《にゅう》郡糸生《いとう》村（現・丹生郡越前町）の旧家に生まれた。旧制中学校を、通常より2年早い高等小学校2年生で合格したが、中途退学して独学の道を選んだ。テンポが遅い授業に嫌気がさして、自分で勉強するほうが効率的と判断したのだ。土蔵にこもって1年で、旧制中学校5年分と高等商業学校3年分の課程を通信講義録で完全に履修、英語も義兄から習ってものにした。ところが、15歳で大阪に出てみると、学力はあっても学歴がないために、どこも相手にしてくれない。ボタン商店の使い走りが関の山だった。

しかし、独学で身につけた学問は能力本位の外資系企業で評価され、ドイツ人が経営するウィンケル商会に採用された。ここでさらに英語に磨きをかけ、貿易実務も覚えた。

20歳で徴兵検査の甲種に合格し入営したが、生来片眼閉じができない内藤は、照準が合わせられずまともに射撃ができなかったため、衛生兵を命じられた。2年間の軍隊生活で、時間の管理、清潔整頓、団体生活の訓練ができたことは、後年仕事をするうえでプラスの経験になった。統計の重要性やつくり方、薬はこれから面白い商売になるということも教えられ、薬の商売に入る糸口ともなった。

除隊後、英国人が経営する薬局、タムソン商会に入社。当時、薬の大部分は輸入品だったから、医薬品の説明書（英語、フランス語、ドイツ語）の翻訳、宣伝文作成、営業などの仕事をしながら、同商会にあった薬に関する膨大な量の専門書をすべて読破して、医者や薬局主よりはるかに新しく詳しい知識を身につけた。

薬問屋で製薬開始

１９１４年、第１次世界大戦が勃発、そのあおりでタムソン商会が閉鎖、内藤は貿易業務のベテランとして東京の田辺元三郎商店（現・田辺三菱製薬）に勤めることになった。ここで語学力と貿易実務の知識を生かして輸出業に進出したほか、海外の文献を調べて、芳香性ヒマシ油を創案。赤痢の特効薬でありながら、その臭いのために敬遠されたヒマシ油に芳香を加えて飲みやすくした「カスタロール」は、大ヒットして大きな収益をあげた。

1923年9月の関東大震災で同商店も被災、烏有《うゆう》に帰した。内藤は上野の帝国図書館(国立国会図書館の前身)で読みふけった海外文献からヒントを得て、新薬づくりを始めた。日本初の降圧剤「アニマザ」、百日ぜきの薬「チミツシン」、美容クリーム「アモルスキン」、肝油の糖衣粒「1粒肝油ハリバ」と、毎年のように新薬を開発した。新薬は利幅も大きいうえに、内藤は販売、マーケティングにも能力を発揮したから、数年を経ずして、大震災のどん底から田辺元三郎商店を復興させただけでなく、個人商店並みの薬種問屋にすぎなかった同商店を大会社に変貌させ、常務新薬部長になった。

会社を起業し次々に新薬を開発

最高の月給、最高のボーナスをもらっていたうえに、新薬の特許料が入ってきた内藤は、その潤沢な資金で有意義な仕事をしようと、在職中に二つの会社を設立した。合資会社桜ヶ岡研究所(1936年設立)と日本衛材株式会社(1941年設立)である。1943年7月、定年を機に55歳で田辺元三郎商店を退職すると、桜ヶ岡研究所を根城に仕事を始めた。まず、当時発見されて間もないビタミンＥの研究を開始したが、これが思いがけず、両社を救った。第２次世界大戦時、政府が「資本金50万円以下の会社は、合併か廃業」という企業整備令を発令、桜ヶ岡研究所も日本衛材も廃業のランクにあったが、海軍に納入するビタミンＣの生産を条件に合併・存続が許されたのだ。海軍に遠洋航海はつきもので、野菜や果物の代用であるビタミンＣは必需品だったのだ。

戦後、内藤は日比谷のアメリカ文化センター（現・アメリカンセンターＪＡＰＡＮ）へ通い、海外の図書から新製品のヒントを模索、新薬づくりを再開した。

終戦後の人口急増から「産児制限が必至」と創案した避妊薬「サンプーン」をはじめ、血管強化剤「ルチンＣ」、強心剤「ネオフィリン」、ビタミン剤「チョコラ」、消化性潰瘍治療剤「メサフィリン」と次々に発売した。高度成長期にレジャーブームが起こると、乗り物酔い防止薬「トラベルミン」も開発した。

１９５５年５月、社名をエーザイに改称した同社は計画経営への道をたどり始めた。最初は１９５７年にスタートした第１次長期計画「三六計画」。３年間で月商を３倍の３億６０００万円にするというものだった。この計画は第10次（１９８５〜１９８６年度）まで続き、その後は「新５ヵ年戦略計画」「ミレニアム計画」「ドラマティック・リープ・プラン」「はやぶさ」「ＥＷＡＹ２０２５」と名前を変えて継続している。ＣＭでおなじみの「ヒューマン・ヘルスケア」は1988年に3代目社長に就任した内藤晴夫が提唱、1992年に企業理念に制定されたものである。

田辺三菱製薬（1678年創業）、武田薬品工業（1781年創業）、第一三共（1899年創業）と長い歴史を有する製薬会社が多いなかで、1941年創業のエーザイはひときわ若い企業である。製薬業界大編成のなかにあっても、設立当初の新興ベンチャー精神を忘れず、独自路線を歩む。

内藤豊次は「自らを良くするには自分自身で勉強し工夫し努力する以外に秘訣などない」と考え、一生を通じてそれを実践した。それを支えたのは、ものすごい量の読書と努力であった。

〈参照社史・文献〉『エーザイ70年史』（2011年）ほか、『第三人生のあゆみ』（内藤豊次著、1964年）

エーザイの歩み

1936年　新薬開発を目的とした㈾桜ヶ岡研究所を設立
1938年　ビタミンE剤「ユベラ」を発売
1941年　日本衛材㈱を設立
1944年　桜ヶ岡研究所と日本衛材が合併、日本衛材㈱となる
1952年　ビタミン剤「チョコラBB」、乗り物酔い防止薬「トラベルミン」を発売
1955年　社名をエーザイ㈱に変更
1966年　川島工場（岐阜県各務原市）を開所
1970年　インドネシアに合弁会社を設立
1971年　日本初の「くすり博物館」（岐阜県）を開館
1981年　Eisai U.S.A. Inc. を設立
1982年　筑波研究所（茨城県つくば市）を開所
1992年　「hhc（ヒューマン・ヘルスケア）」を企業理念に制定

ダイキン工業

組織を調える経営者の手腕

CASE 10

空調事業の売り上げ減少、不採算事業の増加により、赤字に転落したダイキン工業を救ったのは、創業者の息子から社長を引き継いだ井上礼之《のりゆき》の戦略的改革だった。

日本で初めてフロン研究に着手

ダイキン工業の起源は、1924年に飛行機用ラジエーターチューブ（放熱管）の製作を決意した山田晁《あきら》が39歳で興した大阪金属工業所である。山田は、戦前日本の機械工業・金属加工業において最高峰に位置する大阪砲兵工廠《こうしょう》に1909年から11年間勤め、そこで優れた技術を培っていた。その技術を活かした同工業所は、軍の指定工場として発展した。

1934年には、大阪金属工業を設立し、翌年、大阪金属工業所を吸収合併した。この前後から新規事業として取り組んだのが冷媒フロンと冷凍機で、ダイキン工業の二つの柱である化学事業と空調事業の起源となった。

化学事業では、１９３３年に日本で初めてフロンの研究を開始、１９３７年には、フロン製造に用いる10キログラム反応釜を完成させ、冷媒として革命をもたらしたフロンガスの生産を開始した。

空調事業では、同社が開発したメチルクロライド式冷凍機を使って、１９３６年に国内初の電車内冷房を実現、38年には、フロン式冷凍機を開発した。

第2次世界大戦後、同社を支えたのは空調事業である。岩戸景気によって民間設備投資の増大と消費水準の向上により、〝冷房ブーム〟が到来すると、同社による国産初の業務用パッケージエアコンは時代の花形となった。１９６３年には、大阪府堺市に空調機専用の金岡工場を新設してパッケージエアコンの本格生産を開始した。同年、大阪金属工業の「大」と「金」をつなげてつくった愛称の「ダイキン」をとって、ダイキン工業に社名変更した。

同社のエアコンは主に業務用であったが、１９７０年に滋賀製作所を新設して、家庭用ルームエアコンに本格的に進出、１９８４年にはインバータエアコンを、85年には日本初のヒートポンプ式冷暖房・給湯マルチシステム「トリオ」を発売した。業務用でも、１９８２年5月には国産初のビル用マルチエアコンを発売した。従来のビル空調は、大型冷凍機によるセントラル空調方式だったが、同エアコンは、必要なスペースを必要な時に空調できる個別分散方式で、省エネ時代にも適合してその後のビル空調方式の流れを変えた。
1972年にはベルギー、84年には香港、87年にはタイと海外の生産・販売拠点を次々と設立し、国際化へ向かった。

新しい風を吹き込む

1994年、22年間にわたって社長を務めた山田稔《みのる》(創業者の息子)が会長に退き、専務の井上礼之が社長に就任した。バブル経済崩壊、円高、冷夏のトリプルパンチによって、空調事業の売り上げが減少したうえ、さまざまな分野に手を広げた多角経営が行き詰まって赤字に転落していた。まさにどん底でのバトンタッチであった。

長年、人事を担当してきた井上は「人を基軸に置く経営こそが大切」と、社員一人ひとりの力を結集し、タイムリーで迅速な経営、個々人の納得性をベースにした組織運営に舵を切った。

業績悪化は経営環境だけが要因ではないと判断した井上は、緊急かつ不可欠の課題であった空調事業の抜本的立て直しに着手した。主な内容は、①市場シェアが高いパッケージエアコンだけではなく、ルームエアコン、大型施設向けのセントラル空調を含めた三本柱の活用方法を戦略的に追求、②国内・海外の二極思考ではなく、世界四極(日本、アジア、欧州、米国)

を見据えた商品別グローバル戦略への転換、③技術者自身によるマーケティングを活発に行い、差別性・独自性のある商品企画・商品開発を促進、④営業・販社体制の見直しだ。売り上げの落ち込み対策という消極的なものではなく、社の命運をかけた戦略的改革であった。

このうち、①の三本柱戦略の狙いは次の三つである。第1は、技術面での優位性を確立することだ。空調の新技術はルームエアコンから、ソフト的・システム的な技術はセントラル空調から生まれ、パッケージエアコンに移っていくといわれている。三本柱を追求することで相乗効果を生み出し、技術的な優位性を確保しようとしたのである。

第2は、サービスやソリューションを強化していくことだ。井上は、セントラル空調に不可欠なアフターサービスがより重要になっていくと考え、充実したアフターサービスを含むソリューション機能を競争力の源泉としていくことにした。

第3は、グローバル展開によって成長市場を獲得することである。井上は、ルームエアコン、セントラル空調の世界市場は成長する可能性が高いと見込んでいた。

世界中で高まる存在感

同社は主力事業である空調・化学以外に、戦後さまざまな分野に事業を拡張していたが、採算に合わないものも少なくなかった。そこで、事業の選択と集中を進め、不採算事業からの撤退を決断した。不況のときにも人員整理をしない経営方針と有能な人材の流失を防止するためにも、撤退に伴って異動を余儀なくされた専門技術者たちには、新しい職場で活躍できるよう、最大限の配慮をした。

こういった抜本的改革の策定と実施で、1994年から10年間で同社は大きく発展・変貌し、バブル崩壊後の厳しい経済環境下でも増益・増収を続けた。特に際立ったのが、事業活動の中心が国内から海外へとシフトしたことである。

2022年末現在、事業展開先は170カ国、生産拠点は世界100カ所以上を数え、海外事業比率が79％を占める。世界で唯一、冷媒から機器開発、製造・販売、アフターサービスまでを自社で行う総合空調メーカー、ダイキン工業。市場ニーズがある場所で生産する「市場最寄化生産戦略」の下、日本をはじめ、アジア、欧州、米国など主要な地域で生産を行い、世界中で活躍するメーカーとして不動の地位を築きあげている。

〈参照社史〉『拓く：ダイキン工業90年史』（2015年）

ダイキン工業の歩み

1924年　山田晁が㈾大阪金属工業所を創立、飛行機用ラジエーターチューブの生産を開始
1933年　フロンの研究を開始。翌年、冷凍機の試作に成功
1934年　大阪金属工業㈱を設立。翌年、㈾大阪金属工業所を吸収合併
1937年　フロンガスの生産を開始
1938年　呉海軍工廠に日本で初めてフロン冷媒を使用した「ミフジレーター」冷凍機を納入
1951年　日本初の業務用パッケージエアコンを開発
1963年　ダイキン工業㈱に社名変更
1970年　家庭用ルームエアコンの本格生産開始
1994年　井上礼之が社長に就任
1999年　世界初、無給水加湿方式で湿度も調節できるルームエアコン「うるるとさらら」を発売
2006年　マレーシアの大手空調メーカーOYL社を買収
2012年　米国の家庭用空調大手のグッドマン社を買収

第2章

国産化に挑む
果敢なチャレンジ精神

三菱鉛筆
ヤマハ
アサヒビール
日立製作所
ダイニック

CASE 11

三菱鉛筆

ロゴマークに込めた創業者の思い

日本で本格的に鉛筆が使われはじめたのは、明治維新を過ぎてからである。当時、海外から輸入される鉛筆は大変な貴重品で、所持できた人はほんの一握りであった。こうしたなか、鉛筆の国産化に動いたのが、眞崎《まさき》仁六《にろく》だ。

スリーダイヤモンドの起源

貿易会社「起立工商会社」に勤めていた眞崎は、1878年にパリ万国博覧会に赴いた際、展示されていた外国製の鉛筆に心を奪われた。帰国後、「鉛筆の芯は黒鉛と粘土の混合物らしい」という知識を頼りに研究に着手、良質の材料を求めて東奔西走、芯に5年、軸と工業化のための機械に5年を要して、ついに1887年、東京市四谷区内藤新宿に眞崎鉛筆製造所を設立した。これが三菱鉛筆の始まりである。

当時、①鉛筆は貴重品で需要家が限られていた、②輸入品に比べて品質に差があった、③取扱量が少なかったことなどから、1本ずつのバラ売りであったため、販売は苦しかった。眞崎は品質改良に努め、同社の鉛筆は替え芯さえあれば1本で数十カ月は使える「はさみ鉛筆」であることをセールスポイントにして、販路を開拓していった。

転機が訪れたのは、創業11年目のときである。納入先の逓信省（現・総務省）から「はさみ鉛筆は芯が引っ込むことがあって不便なので、普通の削り鉛筆に代えてほしい」と頼まれた。眞崎は3年かけて削り鉛筆の製造ノウハウを確立、2万本の受注を獲得すると、2B、HB、2Hの3種類の鉛筆を納入、ようやく軌道にのることができた。

逓信省の『局用鉛筆』に採用された感動を後世に残したいと考えた眞崎は、局用鉛筆に一号、二号、三号という3種類の硬度（芯の濃さ）があったことと、眞崎家の家紋が「三鱗《みつうろこ》」であったことから、1903年、スリーダイヤモンドを図案化し、商標登録した。三菱財閥の三菱商事がグループ各社の一番手として三菱マークを登録したときより15年も前の出来事である。社名とマークから、第2次世界大戦後、占領軍によって実施された財閥解体の影響で同社の商標は抹殺寸前まで追い込まれたが、三菱グループと同社は何の関係もない。

混乱の時代を乗り越え品質を向上

第1次世界大戦が勃発するとドイツ製鉛筆の海外輸出が途絶え、わが国の鉛筆業者は好況を謳歌《おうか》した。初輸出となった1914年の輸出額は4万8000円、3年後には200万円を突破した。しかし、国産鉛筆の多くは芯が折れやすい、軸が曲がっている、木が削りにくい、芯があるのは軸の両端だけで中は空洞など、粗悪品が多かった。眞崎は輸出に最高級品を当てて市場の信用維持に努めながら、海外製品の書き味を再現すべく、芯に浸み込ませる油の温度や浸透時間の調整などに取り組んだ。

第2次世界大戦中は軍需指定工場として大量の鉛筆を海軍に納入したほか、紫外線を当てると文字が読み取れる白色鉛筆や、特殊な液体に入れると書いたものが消える色鉛筆、航空機で飛行中に航路図に文字や記号を記入するための航空機専用鉛筆など、特殊鉛筆も生産した。いずれも軍の厳重な監督のもとにつくられた。

戦争末期には、主力の大井、神奈川、子安の各工場を空襲で焼失したが、終戦後、いち早く復興計画を練り、1945年11月には、大井工場での生産を再開した。

1952年6月、社名を三菱鉛筆に改め、社名と商品名を同じにすると、生産工程の標準化と品質管理の近代化を進めた。1957年に多角化路線の尖兵《せんぺい》「三菱シャープナー（鉛筆削り)」を発売、翌年には高級の極致を追求した最高級鉛筆「ユニ」を開発した。ユニの名称は唯一・最高を意味する「unique」から採っている。直ちに商標を登録すると、文字の形も独自のものを考案した。1本50円と、既存商品の倍以上の価格だったが、予想を超える爆発的ヒットになった。

ユニの成功を土台に、欧米の最高級品を凌駕《りょうが》する芯を開発すべく、社内に研究所を設置、業界の理想である「Bの濃さでHの硬さ」を追求した。この理想を実現した鉛筆が「ハイユニ」である。

多角化で高まる存在感

1960年、貿易自由化が実施され、鉛筆も外国製品と激しい競争を強いられたが、「ユニ」が国際競争に十分耐え、鉛筆生産量で世界第1位に躍り出た同社は、ボールペン、シャープペンシル、サインペンと、筆記具の多角化を進めた。ボールペンはスイスのアルベ社と技術提携して、インクの組成、流出加減、チップの機構などについて研究を重ね、鉛筆型、携帯型、キャップ式、ノック式など、使いやすい商品を数多く開発した。シャープペンシルに着目したのは、新たな粘結剤の誕生により芯の強度が著しく向上、0・5ミリメートル径の芯をつくれるようになったからだ。

サインペンは用途・種類が最も多く、国内外の市場規模も大きい、魅力にあふれた商品であったから、同社は社外の技術者との共同出資で別会社を設立して、ファイバーやプラスチックをペン芯とする水性サインペンや、油性インクを使用する油性マーカー類を開発した。

第1次・第2次石油危機後、同社の商品企画・商品展開は大きく変化した。ボールペンは初筆性を改善し、インクの色をどのメーカーのものよりも黒くし、値段も他社より10円安い30円とする戦略を立てた。これを純黒《まっくろけ》作戦と名づけ、一大キャンペーンを張った。

また、大量生産・大量販売の時代が終わりを迎えつつあることをいち早く察知し、多品種少量生産時代にふさわしい商品ラインアップを構築していった。その代表が、1975年発売の「BOXY」だ。筆記具・文具を共通の色とデザインでまとめたのである。販売方法も特徴的で、店頭に独立したコーナーをつくり、消費者の関心を集めた。

IT機器の普及が進む現代、同社は筆記具の売れ行きの伸びの鈍化に対処するため、教育・知育商品、手工芸品などホビー用品の開発にも力を注いでいる。「最高の品質こそ最大のサービス」を社是に、総合筆記具メーカーとしての基本スタンスを堅持しつつ、また、筆記具で培った成果を応用して、数多くの新製品を送り出している。

〈参照社史〉『時代を書きすすむ　三菱鉛筆100年』(1986年)

三菱鉛筆の歩み

1887年　眞崎仁六が眞崎鉛筆製造所を東京で創業
1901年　逓信省（現・総務省）に初めての国産局用鉛筆3種（一号・二号・三号）を納入
1903年　「三菱」をブランド登録
1925年　大和鉛筆㈱（1918年誕生）と合併、眞崎大和鉛筆㈱を設立（本社は横浜市）
1952年　社名を三菱鉛筆㈱と改称、社名と商品名を統一
1957年　三菱シャープナー発売
1958年　国産高級鉛筆「ユニ」発売
1959年　ボールペンの製造を開始
1965年　サインペンの製造を開始。0・5ミリシャープ芯開発
1975年　トータルキャラクター商品「BOXY」発売
1977年　「米国三菱鉛筆」を設立
1979年　水性ボールペン「ユニボール」発売
1985年　コンピュータ用印字リボンを発売

ヤマハ

奏でる歓びを広めた世界最大の楽器メーカー

CASE 12

従業員数約2万人、年間売上高は4000億円を超える世界最大の総合楽器メーカー、ヤマハ。同社の歴史は、壊れたオルガンの修理から始まった。

2度の箱根越えの末に

1887年7月、医療機械の修理工・山葉寅楠《とらくす》は地元の浜松尋常小学校（現・元城小学校）から米国から輸入したオルガンの修理を頼まれた。故障の原因はバネが2本壊れていただけで、難なく修理できた。米1斗が1円の当時、45円もしたこの楽器を初めて見た山葉は、構造を詳しく調べ、ノートに書き取ると「自分なら3円でつくれる。将来、全国の小学校にオルガンが設置され、輸入に依存すれば巨額の金が国外に流出する。自分の手で国産化したい」と決意した。

山葉は仕事で知り合った錺《かざり》（貴金属加工）職人の河合喜三郎に協力を求め、模写をもとに試作を開始した。試行錯誤し、完成までに2カ月を要した。二人はわが国最高レベルの音楽専門機関、東京の音楽取調所（後の東京音楽学校、現・東京藝術大学音楽学部）で審査を受けることにした。

当時、東海道の鉄道は浜松までは未開通だった。二人は天秤棒でオルガンを担ぎ、徒歩で箱根の山を越えねばならなかった。音楽取調所を訪ね、伊沢修二（東京音楽学校の初代校長）に審査を願い出ると「オルガンの形はいいが、調律が不正確で、使用に耐えない」との評価だった。しかし、伊沢の特別のはからいで、山葉は1カ月間授業を聴講して音楽理論を学ぶことができた。

再びオルガンづくりに取り組んだ山葉を一手に支えたのは河合だ。家屋敷を売り払って200円もの資金を用意しただけでなく、自らも錺職人を辞めて、オルガンづくりを手伝った。

そして試作品第2号が完成、再び箱根を越え、伊沢の審査を仰いだ。「舶来品に代わりうるオルガンだ」。そう評価された山葉と河合はオルガンに手をかけたまま、言葉もなく涙を流した。

1889年、浜松にて山葉風琴製造所の看板を掲げると、注文が相次ぎ、当初10人足らずだった職人は、1年後には100人を超えた。

1897年、日本楽器製造を設立。ピアノの国産化を目指した山葉は2年後、単身渡米して5カ月で製造方法をマスターした。帰国すると、1900年にアップライトピアノ、1902年にはグランドピアノを完成させた。その後、同社はハーモニカ、木琴、パイプオルガン、アコーディオンと次々に製造し、総合楽器メーカーとしての地位を築いていった。

経営の多角化に成功

1950年、38歳の若さで第4代社長に就いた川上源一は、強力な指導力を発揮して次々に新事業を打ち出し、同社を大きく発展させた。東京・銀座に地下1階、地上5階の東京支店ビルを建設、「楽器の殿堂」にした。同ビル内に山葉ホールも開場した。合理化・近代化を追求し、製造現場にはオートメーションを導入した。また、予算、人事、組織などの審議をはじめ、マーケティングや品質管理まで立案する経営計画委員会を設けた。

楽器は、演奏する人しか買わないし、買い換え・買い増し需要もほとんどない。会社に余裕があるうちに新しい仕事の糸口をつくって、楽器メーカーとしての繁栄を支える必要がある。川上は多角化経営に大きく舵を切った。

同社は戦前、軍用飛行機のプロペラ等を製造していた。その製造機械の有効利用策がオートバイ製造だった。わずか10カ月で試作車を完成させ、1955年2月に発売したYA1《ワン》型は爆発的な人気を呼び、「赤トンボ」というニックネームがつけられた。5カ月後には、オートバイ部門を分離してヤマハ発動機株式会社を設立した。

スポーツ用品、家具分野へも進出した。1959年には、軽くて弾力性に優れた新素材、FRP(繊維強化プラスチック)を使って、アーチェリーを製造・発売した。FRP技術はスキー板、テニスラケット、バスタブなどにも応用された。家具づくりは山葉の時代に始まっていたが、戦後は米国占領軍用にダイニングテーブル、サイドボードなどを製作、1970年代にはシステム家具製造に進出した。

本業の楽器製造では、社員を米国に留学させて電子楽器研究を命じた。その成果は1959年発売の電子オルガンに結実、「エレクトーン」と名づけた。電子楽器開発から得た技術力は、半導体等の電子部品、ルーター等のネットワーク機器、オーディオ機器の製造などに活かされ、さらなる多角化を実現した。

音楽文化の振興に寄与

川上は、音楽の普及にも尽力した。楽器は売れているのに、どこの家からも音色が聞こえてこない。戦前の音楽教育はほとんどが唱歌だった。器楽演奏は演奏家を育てる教育法しかないために、退屈で難しいものという先入観に支配されていた。

同社は器楽教育指導講師団を編成して、全国的規模で学校の招きに応じて器楽教育を推進した。「全日本器楽教育研究会」がそれである。１９５９年には音楽に親しむこと、演奏することの楽しさを教える「ヤマハ音楽教室」の設立に発展した。同教室は、若い女性講師、各支店・特約店の協力を得て、わずか1年で生徒数2万人、講師５００人、会場数７００を数える全国組織になった。

「ヤマハ音楽教室」設立の目的は、その教育成果であって、楽器販売に役立てることではない。同教室をさらに大きく組織化し、もっと多くの一般大衆に呼びかけるべく、１９６６年には「ヤマハ音楽振興会」を設立、ポピュラーソングコンテストや世界歌謡祭を通じて新しい音楽を提唱した。

同社発展の要因は、たんなる楽器製造に終わらず、すべての人がもつ音楽性を育み、音楽の歓びを分かち合うという文化を育ててきたことにあるだろう。

〈参照社史〉『社史』（日本楽器製造、１９７７年）、『THE YAMAHA CENTURY：ヤマハの１００年。そして21世紀へ。』（ヤマハ、１９８７年）

ヤマハの歩み

１８８７年　山葉寅楠、外国製オルガンを修理。２カ月後オルガン製作に成功
１８８９年　浜松に㈾山葉風琴製造所を設立（翌年に法人化）
１８９７年　日本楽器製造㈱を設立
１９００年　アップライトピアノの製造を開始（２年後グランドピアノ完成）
１９３２年　パイプオルガンの製作に成功
１９５４年　東京支店（現・ヤマハ銀座ビル）でオルガン教室開設（１９５９年に「ヤマハ音楽教室」と改称）
１９５５年　ヤマハオートバイＹＡ１（愛称「赤トンボ」）発売
オートバイ部門を分離し、ヤマハ発動機㈱を設立
１９５９年　電子オルガン「Ｄ－１」完成、「エレクトーン」と命名
１９６５年　管楽器の製造を開始
１９６６年　㈶ヤマハ音楽振興会を発足
１９８７年　創業１００周年を機に社名をヤマハ㈱に変更

アサヒビール

ビール業界に革命を起こした生《なま》へのこだわり

CASE 13

大ヒット商品「スーパードライ」でビール業界に激震を起こしたアサヒビール。その原点は、入念な醸造技術の設計と日本人の嗜好に合った国産ビールづくりへの情熱にあった。

ビールの国産化に挑戦

ビールは幕末、開国とともに日本に到来した。当時は外国人向けのぜいたく品、しかも舶来ビールが圧倒的だった。

輸入ビールに対抗しようと、近畿の財界・醸造界の15人が発起人となり、1889年11月、資本金15万円で有限責任大阪麦酒会社を創立した。これがアサヒビールの前身である。事業発起の中心は、堺の銘酒「春駒」の若き蔵元・鳥井駒吉《とりいこまきち》と日本銀行大阪支店の初代支店長を務めた外山脩造《とやましゅうぞう》の二人だった。鳥井は34歳、外山も45歳の若さであった。鳥井は17歳で家業を継ぎ、26歳で堺酒造組合総代、32歳で阪堺鉄道会社取締役に就任するなど、多くの事業を手掛ける企業家であった。外山は該博な産業知識と調査能力を持っていた。

技術を洗練させる

創立前の1887年、鳥井は商工業視察の目的で欧米に出かけるという外山に、欧米でのビール醸造事業の調査を委託、さらに翌年には、31歳の生田秀《いくたひいず》をドイツに派遣した。生田は東京外国語学校でドイツ語を専攻、卒業後は内務省衛生局で技師として働いていた化学者で、鳥井らがヘッドハンティングした。

生田は、わずか1年1カ月で、機械、技術、経営などをつぶさに調査・修得した。その様子は4万語におよぶ『洋行中経歴報告書』にまとめられている。同社の技術の起点や、当時のドイツのビール醸造界の現場を知るうえでも、第一級の史料である。

帰国後、大阪麦酒会社の支配人に就任した生田は、留学中に構想した設計に基づき、吹田村醸造所の建設工事の監督・指揮に当たった。その建物は総赤煉瓦の豪壮な洋館で、田園風景のなかでひときわ異彩を放ったという。完成後の醸造所では生田は技術長を兼務し、ついに自前のビールをつくりあげた。

鳥井が近代的なビール会社の創立者だとすれば、生田はビール醸造全般にわたる「日本近代ビールの父」。この二人が同社の大本を築いたといえる。

社史では、①日本人の力で、物真似でない、日本人の嗜好に合った本格的な国産のビール製造を目指した、②本場ドイツの最新技術を導入し、それを存分に使いこなせる技術者を自前で養成した、③当時普及し始めた有限責任の合本会社（現在の株式会社とほぼ同義）をつくり、資本力に万全を期した、という3点をビールづくりの成功要因に挙げている。

同社は1893年に株式会社に改組、1906年に日本麦酒、札幌麦酒との3社合同で大日本麦酒を設立し、国産ビールを全国に普及させていった。

生化《なまか》路線でさらなるチャレンジ

ところが昭和に入ると、同社も他の企業とたがわず、混乱に直面する。第2次世界大戦の度重なる空襲で、東京は焦土と化した。1945年3月には旧日本麦酒がつくった吾妻橋工場も罹災《りさい》した。

戦後、1949年には過度経済力集中排除法の指定を受け、大日本麦酒は朝日麦酒と日本麦酒（現・サッポロビール）に分割された。朝日麦酒は、同社発祥の地・吹田ほか3工場を製造拠点に、第2の創業へと離陸した。

高度成長期に入ると、ビールが大衆化したことに加え、容器革命でビール需要は拡大した。

1958年にわが国初の缶ビール「アサヒゴールド」を、1965年には缶切り不要のプルトップ缶ビールを発売、さらに1971年にはオールアルミ缶の「アサヒビール」を発売したからだ。アルミ缶は、軽い、冷えやすい、空き缶の処理が簡単などのメリットがあった。また、缶ビールの発売から5年後に缶ビールの自動販売機が登場、1970年代に入ると急速に増えていったことや、商品をまとめて包むマルチパック採用も消費拡大を後押しした。

ビール本来のうまさは「生《なま》」にある。朝日麦酒は生化《なまか》路線を商品戦略の中心に置いて、1963年に「びん生」、翌年、小びん化した「アサヒスタイニー」、1969年に製造月日入り「アサヒビール本生」などを発売していたが、1976年、公正取引委員会の「表示に関する公正競争規約」の制定を受けて、業界が1979年末に「〝生ビールとは熱処理されていないビール〟を指す」との統一見解を示したことから、生ビールへのさらなる挑戦を開始、同年発売した家庭用「アサヒ生ビールミニ樽3」は生ビールの家庭用需要に火をつけた

爆発的ヒット「スーパードライ」を生んだ経営戦略

1983年策定の「第2次長期経営計画」にコーポレート・アイデンティティー(CI)の導入が登場、1986年にコーポレートマークとコーポレートカラーを一新した。これによって会社のイメージアップと営業活動の進展に加え、全社一丸となって「燃える集団」に変身

した。

1986年3月、社長に就任した樋口廣太郎《ひろたろう》は、ライバル会社のトップを訪ねてビールづくりの基本を訊ねた。それに対するアドバイスは「良い原料を使うこと」と「ビールの新鮮さ、フレッシュローテーションの重要さ」の二つ。樋口は、開発・生産・販売の方法を根本的に見直し、強力なリーダーシップで同社の経営を変貌させた。その結果が、1987年3月17日に発売した「スーパードライ」で、ビール業界に地殻変動を起こすまでの爆発的ヒットとなった。スーパードライは、同社を大きく変化させ、業界全体の伸びに対する同社の寄与率を大きく引き上げただけでなく、全ビール需要をも拡大した。1998年に、同社はビール市場シェアナンバーワンを達成した。

1999年、中期経営計画「アサヒ・イノベーション・プログラム2000」を発表した同社は、「世界に挑戦する革新・創造企業を目指す」をスローガンに、グループ事業の拡大と収益構造の改革に取り組んだ。創業120周年を迎えた2009年、アサヒグループではこれを「第3の創業」と位置づけ、世界品質で信頼される企業を目指している。

〈参照社史〉『Asahi 100』(アサヒビール、1990年)、『アサヒビールの120年：その感動を、わかちあう。』(2010年)

アサヒビールの歩み

１８８９年　有限責任大阪麦酒会社創立
１８９１年　吹田村醸造所（現・吹田工場）竣工
１８９２年　「アサヒビール」発売
１８９３年　大阪麦酒㈱に改組
１９０６年　大阪麦酒㈱、日本麦酒㈱、札幌麦酒㈱の３社合同により、大日本麦酒㈱設立
１９３３年　日本麦酒鑛泉を合併。麒麟麦酒との共同出資により麦酒共同販売㈱設立
１９４９年　過度経済力集中排除法により、大日本麦酒㈱は朝日麦酒㈱と日本麦酒㈱（現・サッポロビール㈱）に分割
１９８７年　世界初の辛口ビール「スーパードライ」発売
１９８９年　アサヒビール㈱に社名変更。東京・吾妻橋に新本社ビル竣工
１９９６年　アサヒ飲料㈱発足
２００１年　ニッカウヰスキーを完全子会社化
２０１１年　アサヒグループホールディングス㈱へ移行

日立製作所

電気機械の国産化を夢見て

CASE 14

国内最大の電機メーカー・日立製作所。日立市の工場敷地内にある小平台《おだいらだい》と呼ばれる丘には、創業当時そのままに復元された創業小屋や創業者・小平浪平《おだいらなみへい》をしのぶ小平記念館がある。日立製作所に入社すると、社員はここを訪れ、同社が掘立小屋から出発したベンチャー企業だったことを教えられるという。

掘立小屋からの出発

小平は東京帝国大学工科大学（東京大学工学部の前身）を卒業後、藤田組小坂鉱山、広島水力電気を経て、東京電燈（東京電力の前身）に移り、送電主任を務めていた。世界最高レベルの送電を担い、高給で、電気技術者の羨望の的であった。しかし、そんな小平には何としても実現したい大望があった。

明治時代の半ば、わが国では電気が使われるようになって、発電所建設が盛んだったが、機械もその据え付けの技術者も外国に依存していた。「独自技術を発揮して、これらの機械を日本でつくるようにしなくてはならない」。その思いに突き動かされた小平は大会社の輝かしい地位を投げ捨て、1906年、久原《くはら》鉱業所日立鉱山に移った。

職場は茨城県の山の中の40坪の掘立小屋、仕事は銅山で使う機械の修理で、陣容は5人。日立鉱山のなかでは軽くみられた部署で、数カ月ごとに小屋ごと移動を強いられる。鉱山では機械の使い方も荒く、修理というより初めから製作するというものも少なくなかったから、技術者たちは目の回る忙しさだった。しかし、これが電気機械の製作技術の習得に大いに役立ち、すべての機械を自家製とする自信につながった。

一方、社長の久原房之助は機械製作には無関心で、「大きな機械は外国に注文すべし」という意見だった。「今はちっぽけでも地味でも将来有望な事業になる」という確信があった小平は、本格的な製作に備え、ひいては鉱山からの分離独立のため、新工場建設を計画。必要な資金を引き出すため、久原に提示した修理工場の予算に敷地4000坪、建坪1267坪の電気機械製作工場の建設費用を含めるという奇策に出た。久原がそのことに気づいたのは工場が完成した後だったが、小平の決心が固いのと、日立鉱山の景気が良かったことから、認めることとなった。

1910年、茨城県日立村（現・日立市）に新工場が完成、日立製作所と称した。同社では、これをもって創業としている。

事故や火災を乗り越え人材とともに成長

自主開発の苦労は並大抵ではなかった。鉱山用電気機関車、変圧器、電動機、配電盤など、懸命になって製作を開始したが、いっこうに売れない。品質に対する信用がなく、親会社でさえ買ってくれなかった。

事業発展の要は人材である。小平はそう考え、大会社でも工場に工学士を迎えるのは1年に1人くらいだった当時、東京帝国大学のトップクラスの若者を次々に採用した。一方で、社内教育にも力を入れ、徒弟養成所を創設、大正期には普通教育や工学の基礎も教えた。社員たちは開発の経験・知識不足を文献を読んだり、大学にあった機械を見学してスケッチしたりして補い、設計を行った。

1914年、第1次世界大戦が勃発して輸入が途絶えたために状況が一変、注文が激増した。しかし、まだまだ技術が未熟であったため、故障や納品の遅延が頻発した。例えば、「1万馬力の水車」は厳寒期に現場（発電所）で加熱加工をしたために材質が著しく悪化して水圧鉄管が破裂した。「20万ボルトの変圧器」は変圧器巻線に極性があることを知らず、極性を逆にして接続していたため電圧が出なかった。「高速度電動機」は材質を誤ったために破裂して、試験員が足を切断する事故を招いた。このように悪戦苦闘を続けながら、失敗を糧に事業基盤を固めていった。

しかし1919年、大きな災難が起きる。火災で工場が全焼、100万円を超える被害が生じたのである。さすがの小平も途方に暮れ、事業をやめようかとも思ったが、「これぐらいのことでつまずいてはならぬ」と、自らと従業員を鼓舞し、物心両面の復興を急いだ。

翌年、親会社の久原鉱業から完全に独立、株式会社日立製作所として新しいスタートを切った同社は、東京市麹町区（現・千代田区）に本社を設置するとともに、日立工場を復興して大容量発電機の国産化に邁進《まいしん》した。

重工業の仕事は製作現場と営業が密接に結びつかなければ成功しないと固く信じていた小平は、営業にも技術者を多数採用した。商業出の営業マンも、外部では技師として通るほど製品に精通していた。

「日本の日立」として復興に尽力

1923年9月、関東大震災により、京浜地方の同業者の工場が全滅ともいうべき被害に遭ったため、全国からの注文が同社に殺到した。「わが日立製作所は日本の日立である。この際われわれは京浜地方の復興を第一の任務とすべきである。みだりに他の地方からの注文を受けて工場をふさいではならぬ」。小平の指示で、大阪や九州からの条件の良い注文を全部断り、首都復興に全力を尽くした。復興に必要な多種類・大量の機械製作により、同社は技術を急速に向上させ、信用も著しく高まった。このとき取引を開始した官庁や企業の大部分は、復興後も、引き続き同社の顧客となった。

最初の社史編纂を委嘱された渋沢元治《もとじ》は、同社の成功の要因として、①和の精神を発揚し協力一致を実行したこと、②独立独歩の技術に立脚したこと、③総合技術の妙を発揮したこと、④技術と営業とが平衡を得たこと、⑤基礎科学を重んじ、これを技術化することに優れていること、を挙げている。小平の意志を現在に受け継いだ同社は、「日本の日立」から「世界の日立」へと成長を遂げている。

〈参照社史〉『日立製作所史1』(1960年)、『日立製作所史5』(2010年)

日立製作所の歩み

１９０６年　小平浪平が久原鉱業所日立鉱山に入社

１９０８年　工作課修理工場として電気諸機械の修理を開始

１９１０年　久原鉱業所日立鉱山付属の修理工場を建設、日立製作所と称する

１９１２年　日立マークを登録

１９１６年　扇風機の製作を開始

１９１９年　日立工場火災

１９２０年　久原鉱業㈱から独立し、㈱日立製作所設立。小平浪平、専務取締役に就任

１９２３年　関東大震災復興用の電気機械を修理製造し、大量生産の実をあげる

１９２４年　ＥＤ15形電気機関車３両を完成（大型の国産第１号機）

１９２９年　小平浪平、取締役社長に就任

１９３２年　エレベーター製作を開始、電気冷蔵庫を完成

１９５２年　本社事務所を東京都千代田区丸の内の新丸ビルに移転

１９６１年　全自動洗濯機を開発

CASE 15

ダイニック

発展と衰退の分水嶺

ブック・クロス（書籍の装丁《そうてい》・表紙材）メーカーのパイオニアであるダイニックは、1919年、京都西陣の地に坂部三次《さかべさんじ》が中心となって設立したベンチャー企業だ。2022年現在は国内5カ所、海外6カ国に工場をもつグローバルカンパニーである。同社の成長の源泉には、先見の明とチャレンジ精神がある。

クロスの将来性に着目

1893年に尋常小学校を卒業した14歳の坂部は、当時日本最大・超一流の織物会社であった京都織物に給仕として入社した。夜間は実習学校（農工商の実業知識を修得させる教育機関）に通い、入社3年目からは技術者の道を歩み始める。抜群の働きぶりが評価されて、坂部は多くの大卒技術者をさしおいて、23歳で染色部長に大抜擢された。

一大転機となったのは、京都織物OBの稲畑勝太郎を通じて知ったフランス人染色技師のビクトル・メニール、そして彼が携えていたブック・クロス製造法の専門書『デピエ』との出会いである。メニールは稲畑が留学中に実習したマルナス工場の染色技師で、京都織物が新設備を購入した時、同社に招かれたお雇い外国人である。

木版が活字印刷に、手刷りが機械印刷になり、洋紙は和紙にとって代わったが、ブック・クロスは欧州（主に英国）からの輸入品が市場を独占していた。しかし、湿度の高い日本では、糊付けの剥脱、表紙の膨張・弛緩《しかん》、カビの発生など、耐湿性に多くの問題があった。

『デピエ』によって、クロスの将来性を見抜いた坂部は、業務のかたわら本格的な研究に着手した。フランス語の知識はなく、ちゃんとした仏和辞典もない時代である。京都大学の教授を訪ねても専門用語なのでわからない。フランス人宣教師に頼んで本国へ問い合わせてもらい、半年後に船便でようやく返事が届くなど、単語一つを理解するにも大変な労力と忍耐を要した。

そしてついに、日本の気候風土にマッチした新たな生産技術を独自に開発、1918年はじめには、勤め先である京都織物に事業化を提案した。

しかし、役員たちは、投資金額が20万円と巨額であることと、宮内庁御用達の最高級絹織物を生産する誇り高きわが社が、紡績会社にも等しい綿布を使用して、塗料を塗りつけるような仕事に手を染めるのは論外、と提案を却下。坂部はやむなく退社した。その後、絹染色やクロス製造技術に磨きをかけるため渡米したが、1年で帰国した。自分の研究成果のほうが優れていたからだ。ただ、生産システムである工場制工業について、修めることができた。

ものづくりへの信念

思いがけず起業の契機となったのは、染色加工業のかたわらクロス製造を試みていた亀井徳次郎という人物が「工場を提供し、経営はすべて任せるから、新しいクロス会社をつくらないか」と共同事業の計画を提案してきたからである。そこに染料界の第一人者で関西の資本家・井村健次郎(大阪合同株式会社(現・オー・ジー株式会社)の創業者)も加わって、1919年8月「日本クロス工業株式会社」が設立された。社名には、クロス製造の専門工場であるという意気込みと、〝工業〟は商業に相対するものという思い――つまり、単に商品を右から左へ移動させることで利潤を得る商業より、物を製造することのほうが尊いという信念・姿勢が込められていた。創立当時の経営陣に会長や社長はなく、責任役員は常務取締役の坂部だけで、ほかはすべて社外役員という構成であった。

「舶来のクロスに負けないクロスをつくりたい」という意気込みで研究を進めてきた坂部であったが、実際に生産を始めてみると、初期の製品は澱粉、油脂、顔料を混ぜたペースト状のものを塗ったもので、脂のにじみやひび割れ、はがれなどが生じて、品質は輸入品に及ばなかった。それでも坂部はあきらめず、汗と油、そして塗料にまみれながら新しい製法・塗布装置を次々に考案し、ついには世界初の「連続処理機械装置」の発明によって、大量生産が可能になっただけでなく、製品の品質安定にも成功し、昭和初期の同社に飛躍的な発展をもたらした。

その後、同社は独自の複合技術によって不織布、接着芯地、ビニール、合成皮革、壁紙、コンピュータ・リボンなどにも進出していった。

１９７４年7月には社名を「ダイニック」（ＤＹＮＩＣ）に変更した。日本語の「大」、英語の「ＤＹＮＡＭＩＣ」のダブルイメージをもつ「ＤＹ」と、日本クロスの略称というべき「ＮＩＣ」の合成語である。

対照的な2社の歩み

ところで、坂部が勤めた京都織物。１８８７年5月、京都府と渋沢栄一、大倉喜八郎、益田孝など中央財界の人々が一体となって資本金50万円で創立したわが国最古の株式会社の一つで、宮内庁御用達の名門、織物・染色業のトップメーカーだったが、経営に失敗、１９６８年6月に81年の歴史を閉じた。

翌年刊行した『京都織物株式会社全史』の巻末に、会社を果樹の名木《めいぼく》に、経営者を庭師に、会社の発展を木の成長に、解散を伐採に例えた寓話を披露している。

「招かれた庭師は早速どんどん（病菌に取りつかれた）小枝を切落し、新しい芽を吹かせようとしたが、既に弱り切っていた木は、期待した程の芽を吹いてはくれなかった。…こうなってはもう芽を吹かせる望みはない…このまま腐り果てるに委せるよりは、今のうちに伐り倒し、用材として売ってみんなに分けようと相談をまとめた。こうして売られた木は、それでも見事な名木だっただけに思ったよりも高く売れて、人々に改めて奇妙な哀しみを抱かせた」。

かつての先端企業も創業から30年が経ち坂部の提案を却下したときには、チャレンジ精神を欠き、古都に埋没する保守的な会社になってしまっていた。経営陣は老舗の旦那衆の寄り合い所帯で、目先の利にはさといが、将来が見えていなかったのである。

「企業には現状維持はありえない。発展か衰退かのどちらかである」――『ダイニック70年史』序文、坂部三次郎会長の言葉である。

〈参照社史〉『ダイニック90年史』（２０１０年）ほか、『京都織物株式会社全史』（１９６９年）

ダイニックの歩み

１９１９年　京都市西陣に資本金１００万円で日本クロス工業㈱設立
ブック・バインディング・クロスの生産を開始
１９２５年　クロス製造法の特許が登録される
１９２７年　トレーシング・クロスの製造を開始（33年に特許登録）
１９２９年　京都市西京極に天神川工場を竣工
１９３２年　タイプライターリボンの製造を開始
１９４０年　坂部三次、社長に就任（１９５８年に会長）。この年、輸出向け染色加工の受注が急増する
１９４８年　東京出張所を開設
１９５６年　不織布の国産化に成功、「パネロン」の商標で販売開始
１９７３年　京都、東京の２本社制へ
１９７４年　ダイニック㈱に社名変更
１９８７年　海外の生産拠点づくり。ダイニック・アメリカ社を設立

【コラム】ビールと生命保険の意外な関係

「社史なんて自慢話ばかりだろう」という声をよく聞く。しかし、それは、読んでもいない人の勝手な推測である。多くの社史を読んでみると、素晴らしい善行を行った会社はそれに触れず、受けた会社が恩を忘れていないという例に出くわす。アサヒビールと第一生命保険との間にもある。

太平洋戦争中、文化財を守るために、アメリカが京都を爆撃しなかった話はよく知られている。しかし、ほかにも、意識的に空爆を避けた場所があった。それは、東京の中心地・丸の内だ。

第2次世界大戦の大空襲で東京は焦土と化したが、丸の内一帯だけは、なぜか無傷で残っていた。そこに、終戦と同時に大勢の米兵があらわれて、建物を物色し始めた。郵船ビル、三菱本館、八重洲ビルヂング、第一生命館、明治生命館、東京海上ビル、銀行協会、東京中央郵便局、有楽館、東京会館、丸の内ホテル…。接収された建物は全部で32、延べ7万坪近くに及んだ。丸の内は、正面に皇居があり、その背後には国会議事堂、さらに霞が関の官庁街がある。

東京駅を挟んで反対側には、日本銀行、横浜正金銀行（当時）などが控えていた。米国では、政治と経済の中心がワシントンとニューヨークとに分かれているが、日本は同じ地区にある。しかも、丸の内は、電気、水道、電信電話などのインフラやホテルなども、日本で一番整っていた。

GHQ（連合国軍総司令部）は数千人規模の大組織である。一つの地域で収容できるのは、丸の内をおいてほかにない。戦時中、日本本土の土地や建物を航空写真で偵察していた米軍当局は、丸の内一帯こそ、占領政策の拠点として最適と考え、あえて爆撃の対象から外したのだろう。米国が、かなり早い時期から戦後の対日政策を考え、周到な準備をしていたことがうかがえる。

マッカーサーの執務室があるGHQ本部として連合国軍が目を留めたのが、第一生命保険が本社を構える第一生命館だった。「すぐに明け渡せ」と言われた第一生命保険は途方に暮れた。与えられた期間は4日間。移転先の指定もなかった。そのとき、京橋の第一相互館に入居していた大日本麦酒（後の朝日麦酒）から、「行く先がなくてお困りでしょう。当方は銀座と目黒に引き上げるので、すぐに荷物を運び込んでください」という申し出があったのである。机も電話も皆、残してくれた。おかげで、1952年9月に元の本館に戻るまでの7年間、第一生命保険は京橋のビルで戦後再建を進めることができた。

この時期、朝日麦酒とて、大変だったはずだ。終戦間近の1945年3月には吾妻橋工場が罹災、同年12月には容器不足のため、ビールの配給規制があった。1949年には、過度経済力集中排除法の規定により、分割されて朝日麦酒が設立されるなど、戦後の混乱の中にあったのだから。

このエピソードは、戦後出た第一生命保険のどの社史にも書いてある。特に終戦から間もない1958年刊行の『第一生命五十五年史』には、事細かに書いてある。

朝日麦酒から寄せられた好意が忘れられず、第一生命保険ではずっとアサヒビールを飲んでいるだけでなく、戦後のビル引き渡しの話を社内で引き継いで話しており、若い社員もよく知っている。しかし、アサヒビールの社史には、本文にも年表にも書かれておらず、社員たちさえほとんど知らない。

〈参照社史〉『第一生命五十五年史』（第一生命保険、1958年）、『第一生命百年史』（2004年）、『丸の内百年のあゆみ：三菱地所社史』（1993年）

第3章

郷土・地域の発展と活性化

倉敷紡績
宮崎交通
富士屋ホテルと箱根登山鉄道
資生堂
三菱地所

倉敷紡績

CASE 16

地元を奮起させた若者たちの情熱

新たな事業を興すためには、ヒト・カネ・モノが必要である。もっとも、これら経営資源を集め、有効に活用するためには、周囲を魅了して人を動かす情熱と綿密な計画が欠かせない。

郷土の未来を描いた三人の若者

白壁の町並み、大原美術館や倉敷民芸館などから成る美観地区が有名な岡山県倉敷市。江戸時代は軍需品・食糧などを管理・補給する兵站《へいたん》部を担う幕府の直轄地であった。倉敷川沿いには蔵が建ち並び、海運拠点としても栄えたが、明治に入ると、米と綿花栽培のほかに産業もなく不況に苦しんでいた。

その頃、20歳代の青年三人が「知識交換会」と称する勉強会を結成し、郷土の沈滞打破、未来像を模索していた。東京に遊学して各種の経済資料を集めてきた繰綿《くりわた》問屋の大橋沢三郎、雄弁家で士族の小松原慶太郎、商才に長けた醸造業の木村利太郎である。彼らは「村に工業を興すこと」、具体的には「紡績所建設」を掲げ、その実現のためには、村の人々の理解と協力が必須だと考えた。

１８８６年12月、岡山県窪屋郡倉敷村（現・倉敷市）役場と倉敷警察署の開設祝賀会に、官民の有力者百数十人が集まることになった。青年たちは千載一遇のチャンスと立ち上がり、小松原が飛び入りで演説した。「産出する綿花は、綿糸にして売る方が村のためになるから、紡績工業を興そう！」。十分な調査と思索に基づいて、郷土の未来を颯爽と説く青年の姿は人々の心を打ち、期待をもって迎えられ、翌日の地元紙「山陽新報」も演説の全文を報じた。

村を一つにまとめた周到な準備

年が明けると、紡績企業化の理念は即座に具体化に移された。青年たちは計画策定に奔走、「資本金10万円、工場設備は紡機５０００錘《すい》」という原案を作った。それを千阪高雅《ちさかたかまさ》岡山県知事に示し、相談してみると、知事は「今や他県では1万錘の紡績が建設されていることを認識して対処するよう」勧告した。そこで「資本金20万円、紡機1万錘」に上方修正した。

計画実現の第一歩はヒトである。青年たちの熱心な説得の結果、県会議員、大地主、名望家など、地元有力者の多くが事業の発起人に名を連ねてくれた。

次はカネである。当時、上米1石（150キログラム）4円50銭であったから、資本金20万円は4万石（6000トン）以上に相当する。資金確保のためには、村内屈指の富豪である大原家の協力が必須であった。

発起人の来訪を受けた大原家の当主・孝四郎は、その構想に理解を示し、出資の意向を表しながらも「先ズ、他ノ方面ノ出資ヲ集ムベシ、足ラヌダケハ、皆自分デ引キ受ケル」と言った。藩という後ろ盾がなかった天領の地・倉敷で事を興すには、何よりも村民の協力が大切だという考えである。

そしてモノ。会社設立のための手続きや、機械設備の検討などのために、大橋と小松原が上京した。神戸以西に鉄道はまったくなく、それ以東にもまだ部分的にしか開通していなかったから、大変な旅であったが、途中、姫路紡績所、平野紡績、大阪紡績など先発紡績所にも寄った。東京では、岡山県知事の添書をもって、工務局をはじめ関係当局を訪れた。さらに、三井物産初代社長・益田孝や大阪紡績の主要発起人でもあった第一銀行頭取・渋沢栄一にも会って、経営上の貴重なアドバイスを得た。英国・プラット社の輸入代理店として早くから紡績を研究していた三井物産からは、機械導入や技師の紹介等について協力を仰ぐことになった。

有益な知識・資料を携えた〝調査団〟が帰村すると、会社創設の機運は熟し、資本金の1割強を出資した孝四郎が頭取（社長）に就くことになった。

1888年3月9日、「有限責任倉敷紡績所」(現・倉敷紡績、通称「クラボウ」)が誕生、英国人技師の指導により、翌1889年10月、倉敷本社工場が竣工して操業を開始した。小松原の演説から会社設立まで約1年3カ月、操業開始まで3年足らず。驚くべき速さである。交通、通信、技術のいずれも未発達だった当時、地方の一村で大事業を成し遂げることができたのは、人々の情熱と冷静な行動、企画立案から技術、人事、資金のすべてにわたり、綿密な検討があったからだ。

創立時の株主は、倉敷村および岡山県下の人が98%を占めた。工場建設の際には、村人が人海戦術で、鋤《すき》、鍬《くわ》で赤土の敷地1万6728平方メートルを整備した。地元がいかに三青年の理念に共鳴し、大原ら発起人の熱意にほだされたかがわかる。大橋と小松原は取締役に、木村は商務支配人に就いた(大橋は病魔に倒れ、開業10日後に没した)。

先達の意思を継いだもう一人の若者

1906年9月、孝四郎の三男・大原孫三郎が26歳の若さで第2代社長に就任した。創業から18年が過ぎて、設立当初の若々しい清新な理念は鮮度を失い、社員は順調な業績のなかに安住していた。その結果、規律や業務処理の乱れが生じていた。これら積年の弊風を一掃すべく、孫三郎は経営刷新に取り組んだ。

孫三郎は福利厚生の充実や企業内教育にも力を入れた。具体的には、76棟の「分散式家族的寄宿舎」（現在の社宅に相当）の建設、「倉紡中央病院」の開院、技能教育を施す「倉紡工手学校」の開校などである。さらに私財を投じて「大原農業研究所」「大原社会問題研究所」（現・法政大学大原社会問題研究所）、「倉敷労働科学研究所」「大原美術館」などを設けた。

現在、クラボウ発祥の地は倉紡記念館、ホテル、レストランなどが並ぶ「倉敷アイビースクエア」として倉敷の観光名所になっている。ギリシャ神殿風の大原美術館は国内第一級の美術館と評され、全国から人々が訪れる。倉紡中央病院は開院3年半後からは一般町民の診療にも応じ、財団法人となって、現在では１１７２床を有する倉敷中央病院として地域医療に貢献している。

明治の若者たちが築いた物心両面豊かで爽やかな倉敷。彼らの息吹は今も強く感じられる。

〈参照社史〉『倉敷紡績百年史』（１９８８年）

倉敷紡績の歩み

１８８６年　倉敷村の三青年が「知識交換会」結成、同年12月、紡績所設置の必要性を演説
１８８８年　有限責任倉敷紡績所創立、大原孝四郎が初代頭取（社長）に就任
１８８９年　倉敷本社工場（現・倉敷アイビースクエア）竣工、綿糸の生産を開始
１８９３年　商法施行により倉敷紡績㈱と改称
１８９５年　商標「三馬」で綿糸の輸出を開始
１９０６年　大原孫三郎が第2代社長に就任
１９１９年　大原社会問題研究所設立
１９２１年　倉敷労働科学研究所（現・労働科学研究所）開所
１９２３年　倉紡中央病院（現・倉敷中央病院）開院
１９２６年　倉敷絹織（現・クラレ）を設立
１９３０年　大原美術館開館
１９３５年　倉敷毛織㈱（後の津工場）を設立、羊毛業に進出
１９８８年　創業１００周年。「クラボウ」の呼称を採用

宮崎交通

CASE 17

大地に描いた企業家の夢

『宮崎交通70年史』の巻頭には「岩切章太郎初代社長の理念」として、「自然の美・人工の美・人情の美」「植え足しと切り出し」など14項目が掲げてある。なかでも「大地に絵を描く」は、岩切の経営の美学とスケールを如実に表している。

〝陸の孤島〟宮崎で交通機関を整備

宮崎県は西側を九州の脊梁《せきりょう》山地が縦断、北側にも険しい山地が連なり、その山裾は海岸近くまで迫り出している。海岸線は単調で良港となる条件に乏しかったため大型船の運航に適さず、まさに〝陸の孤島〟であった。大正時代の宮崎の交通手段は主に乗合馬車と人力車で、1913年に宮崎軽便鉄道が、1923年に国鉄日豊本線が開通したとはいえ、住民を満足させるものではなかった。

宮崎出身の岩切は1920年に東京帝国大学を卒業後、実社会を学ぶため住友総本店に3年半勤めて帰郷した。「あくまで地方で働く」と決めていた。

岩切は、新しい事業を立ち上げる、あるいは行き詰まった事業を立て直す経営者になることを目指した。そんな岩切に「市内バスをやってもらえないか」と話をもちかけたのが、宮崎県警察部の岡田喜久次部長だ。かねて宮崎の交通をバスで充実させたいと熱望していた岡田は、岩切を抜擢《ばってき》したのである。

岩切は資本金5万円で宮崎市街自動車を創立、延岡市で臼井米吉が経営するバス会社などから車両を買い取り、1926年5月に運行を開始した。当初のダイヤは20分ごとだったが、利用客の増加に伴い3年後には昼間5分ごと、夜間10分ごとに増便した。運賃も営業当初の30銭から、2カ月後には20銭、翌年には10銭、創立10周年の1936年には5銭にまで値下げした。

1931年、岩切は東京の青バス（現・はとバス）、大分の亀の井バスに次いで、定期遊覧バス事業を始める。これが飛躍の第一歩となった。宮崎は名所旧跡に乏しいとされるが、神代の物語が多い。そこで岩切は、神話・伝説から産業経済まで宮崎のすべてがわかる説明文を自ら起草し、さらにバスガイドには、話し方の抑揚や仕草についての特訓を施した。

遊覧バス事業開始から1年半後、「祖国日向産業博覧会」のために全国から訪れた市長・市議会議長団を遊覧バスに招待したところ、「日本一だ！」と賞賛され、同社は一躍全国に名をはせた。

観光開発に夢を結実

「日本の新しいモデルになるものを造り上げたい」。岩切はこの夢を宮崎の観光開発に結実していく。

１９３６年から日南海岸にフェニックス（ヤシ科の植物）を植栽して、南国情緒をもつ日本初のロードパークに変貌させた。翌年には、海沿いの小弥太郎峠に「サボテン公園」を誕生させた（２００５年に閉園）。１９３９年には遊園地「こどものくに」を開業。入園料は大人も子どもも、子ども料金の５銭だった。

１９４５年の太平洋戦争終結に至るまで、戦時中の経営は困難をきわめた。燃料は軍事優先で民間への配給は停止した。苦境を乗り切るため同社は「宮崎式木炭ガス発生炉」を開発する。代用燃料車の白眉というべきこの技術は社外、さらには軍用にも転用され、戦後の１９５１年まで木炭バスが走り続けた。１９３７年にはタクシー、１９４４年にはバスの女性運転手が誕生した。戦争に駆り出された男性の代わりというより、養成・抜擢によるものといえ、彼女らも卓越した運転技術をもっていた。

戦時下の国策は岩切に苦難を課す一方で、幸いももたらした。企業統合の要請に基づいて、1945年までに県内のバス会社等が合併し1県1社となった。この体制が戦後も維持され、岩切は夢の実現に近づくことができた。独占横暴は論外だが、「会社がサービス精神に徹し、ひたすら社会に奉仕しようとするのなら、独占の場合こそ、最も多く世の中のために動ける」からである。

戦後、岩切は新たな需要を喚起すべく、大型の観光開発を再開した。例えば、宮崎市の中心部を流れる大淀川の河畔に建設した宮崎観光ホテル。その眼前には、フェニックス51本やパームを植え、色鮮やかなロンブル（テント）31カ所、ベンチ62脚も設置して、南国・宮崎を演出する「橘公園」に仕上げた。維持管理費など一切の費用は、同社が負担した。

続いて岩切は、霧島屋久国立公園（現・霧島錦江湾国立公園）の北側に位置するえびの高原を開発し、温泉とともに日本最南端の天然のスケート場を有する観光地として整備した。また、都井岬その他、要所要所にホテルも作った。

三つの美が共存する岩切の画法

岩切は、宮崎の大地をカンバスにして、絵を描き続けた。その〝画法〟は自然を生かしつつ、付加価値をつけて「自然・人工・人情」という三つの〝美〟を表現する「植え足し」と「切り出し」だ。

植え足しの好例は堀切峠のフェニックス群だ。葉陰から見える太平洋の景観は今や日南海岸の象徴である。

切り出しでは、えびの高原のミヤマキリシマ（ツツジ）が美しい。岩切の判断によってススキが切り出されると、下に隠れていたミヤマキリシマが咲き誇る平原になった。

やがて、新婚旅行ブームが到来すると、宮崎はそのメッカとなった。１９７２年には新婚カップルのうち、実に4分の1が新婚旅行先に宮崎を選んだ。

岩切は「企業の仕事は資本の要求にしたがって、どうしても算盤《そろばん》をとらねばならないが、大きい算盤もあれば小さい算盤もある。また、長い目で見る算盤と短い目で見る算盤がある。観光事業は大きい算盤、長い算盤を持って大きな視野に立ってやりたい」と語っている。

南国ならではの自然を生かしつつ、景観形成に大いに尽力し、地方の1県まるごとを観光地として整備した「宮崎県観光の父・岩切」――その理念は、現在も引き継がれている。また、県内を縦横無尽に走る宮崎交通のバスは住民や観光客にとって欠かせない交通手段となっている。


〈参照社史〉『宮崎交通70年史』（１９９７年）

宮崎交通の歩み

1926年　資本金5万円で宮崎市街自動車㈱設立、営業開始
1929年　宮崎バス㈱に社名変更
1931年　定期遊覧バス事業を開始
1932年　女性の新しい職業として注目を浴びたバス車掌26人が入社、遊覧バスの訓練を始める
1937年　日南海岸小弥太郎峠に「サボテン公園」誕生
1939年　青島海岸に遊園地「こどものくに」開園
1942年　県南3社（宮崎バス、宮崎鉄道、都城自動車）を統合して宮崎交通㈱に改称
1945年　県北2社（延岡バス、日の丸自動車）と合併、県下一元の機構確立
1947年　宮崎県観光協会会長に岩切章太郎社長が就任
1954年　㈱宮崎観光ホテル設立
宮崎市内大淀川河畔に南国・宮崎を演出した「橘公園」完成
1972年　全国の新婚カップルの4分の1が宮崎を新婚旅行先に

CASE 18

富士屋ホテルと箱根登山鉄道

天下の険を人々に開いた道路と鉄道

正月の風物詩の一つ、箱根駅伝。タスキが目指す天下の険、箱根の交通インフラを整備し、観光地としての発展をリードした二つの企業がある。

外国人をうならせたリゾートホテル

豊富な湯量で知られる箱根・宮ノ下にある富士屋ホテルは、横浜出身の山口仙之助が開業した日本最古のリゾートホテルである。1871年、山口は20歳で渡米し、3年間皿洗いなどで稼いだ金で種牛7頭を購入、牧畜業を志して帰国した。

しかし、当時は牛肉も牛乳も需要が少なく、種牛は売却した。その後、山口は学問を修めようと慶應義塾に入塾した。山口に対して福澤諭吉は「学問より実業が合っている」と諭し、また、国際観光の重要性を説いた。

鎖国体制に終止符が打たれると多くの外国人が来日したが、彼らのための宿泊施設がないことに着目した山口は、牛の売却代金を基に、500年の歴史を有する藤屋旅館を買収して、1878年にホテルを開業した。屋号を「富士屋ホテル」としたのは、元が「藤屋」であったことと、富士山が日本に滞在する外国人にとって美の象徴であったからだ。設備などは自ら設計し、日本文化を伝える展示や工夫を随所に施した。妻とともにサービスに努め、料理や給仕もこなした。そんな努力のかいあって多くの外国人が訪れるようになった。

開業から6年目、宮ノ下大火ですべてを灰燼《かいじん》に帰すという災難に見舞われたが1年で営業を再開、以後、毎年のように建物を新築、土地への先行投資も行い、本格的な洋式ホテルとして繁栄していく。

1893年からは外国人専用のホテルとなった。同地にあった老舗の奈良屋旅館との間で激化した客の争奪戦に終止符を打つため、富士屋は外国人専用、奈良屋は日本人専用という協定が締結されたからだ。この協定は1912年まで続いた。

地元の人たちでつないだ道路

ところで、当時の箱根は馬も通れない大変な悪路だった。食料品などの物資は、小田原までは馬車、湯本から宮ノ下は人力で運ぶという状況で、大変な労力を要した。

悪路に悩まされていたのは山口だけではない。箱根に強い関心をもち、塔ノ沢温泉の福住《ふくずみ》旅館にしばしば逗留した諭吉も「箱根の発展には交通整備が必須」と、温泉経営者や当時の足柄県令（現在の知事に相当）柏木忠俊らに強く訴えた。山口は地元の経営者らと協力して道路建設を決意する。

まず、福住旅館の主人・福住正兄《ふくずみまさえ》らが1880年に小田原～箱根湯本間、翌年には塔ノ沢までの道路を開通させた。次いで、山口が1887年に塔ノ沢～宮ノ下間約7キロメートルを開通させた。総工費は1万882円。1889年には宮城野まで延伸、1904年には芦ノ湖までを完成させた。当時は土木機械もなく、地元の人たちが手作業で山を切り開き、自らの資金を注ぎ込み、多額の借金をして成し遂げた大事業であった。それが、箱根駅伝の第5区、山登りのあの道路である。現在の国道1号線は、工事費を賄うために通行料を徴収した日本最初の有料道路でもあった。

山を駆けあがる鉄道

山口らによって道路が整備されたとはいえ、当時、箱根への交通の便は人力車、馬、自動車しかなく、運賃も高い。訪れるのは富裕層か湯治客くらいだった。そんななか、〝奇想天外〟の計画を立てた鉄道会社があった。小田原電気鉄道（現・箱根登山鉄道）だ。日露戦争後、国内の鉄道網が平面的に広がっていくなか、箱根の山の上に向かって登山電車を走らせ、観光客を誘致しようというのである。

急勾配の連続する登山電車はわが国には例がない。当初、急勾配区間はレールとレールの間にのこぎり状の歯を刻んだものを敷設し、機関車側の歯車とかみ合わせる「アプト式」を考えたが、1912年に、主任技師長の半田貢を欧米に派遣して再検討した結果、スイスのベルニナ鉄道を規範として、車輪とレールの摩擦を応用して登る「粘着式」に変更した。

1912年11月に着工したが、設計変更や不況でまもなく中断。3年後に再開したものの、資金調達や土地買収の問題、難工事の連続で工期は遅れた。特に、早川をまたいで新旧の外輪山を結ぶ「出山の鉄橋」は難工事であった。長さ60・65メートル、前後にはトンネルが迫っている。しかも、第1次世界大戦のため、資材価格は暴騰。やむなく、鉄道院から譲り受けた天竜橋を転用したが、川床から43メートルもの高さの足場を組まねばならなかった。自然を損なわないよう、線路は山肌を縫うように敷いたため、ほかに類を見ない急カーブも生まれた。

また、急勾配を緩和するために、出山・大平台・上大平台に「スイッチバック線」を設けたほか、下りでのスリップ防止やレールの磨耗やきしみ音の発生に対処するため、車両の屋根に装填したタンクからレールに水をまき、潤滑油の代わりにする方法が採られた。ブレーキは、電気、空気、手動、マグネットと4種も装備した。

着工から7年後の1919年5月、ようやく工事が完了、6月1日に箱根湯本～強羅間の運転を開始した。運賃は84銭。ちなみに、当時、貸し自動車が7円50銭で走っていた。低廉な料金の鉄道によって箱根は誰もが気軽に行ける観光地に変貌していったのだ。

〈参照社史〉『回顧六十年』(富士屋ホテル、1938年)、『富士屋ホテル八十年史』(1958年)、『箱根登山鉄道のあゆみ』(1978年)

富士屋ホテルの歩み

1878年　箱根・宮ノ下に日本初のリゾートホテルとして開業

1883年　宮ノ下大火で建物が全焼

1884年　客室数12室の木造平屋建て洋館を竣工し営業再開

箱根登山鉄道の歩み

1887年　塔ノ沢～宮ノ下間の道路が開通

1888年　小田原馬車鉄道㈱設立、国府津～小田原～湯本間馬車鉄道開業

1891年　現在の「本館」竣工

1893年　株式会社に組織変更、外国人専用ホテルとなる

1896年　小田原電気鉄道㈱に商号変更

1889年　宮城野まで道路が延伸

1900年　電気鉄道線営業開始

1904年　芦ノ湖まで道路が延伸

1906年　山口仙之助、「大日本ホテル業同盟会」（現・日本ホテル協会）結成、会長就任

1912年　登山鉄道の工事に着手

1919年　箱根湯本～強羅間の登山鉄道の営業運転開始

資生堂

銀座の街と歩む

CASE 19

東京・銀座に本社を構える資生堂は、化粧品メーカーとして知られている。このほかにもレストランやカフェなどの事業も手がけ、消費者にとって身近な企業として存在感を高めてきた。

洋風の薬局から化粧品へ

１８７２年、海軍病院薬局長だった福原有信《ありのぶ》は医薬分業を実践すべく、日本初の民間洋風薬局・資生堂を銀座に創業した。社名は中国の古典『易経』の一句「至哉坤元万物資生《いたれるかなこんげんばんぶつとりてしょうず》」から採った。創業から2〜3年間の経営は苦しかったが、西南の役やコレラの大流行で医薬品需要が高まると、危機を脱した。１８８８年に発売した練り歯磨「福原衛生歯磨石鹸」は、１８９０年に第3回内国勧業博覧会で受賞、１８９３年発売のビタミン剤「脚気丸」は医師の投薬にも用いられるほどだった。1897年には化粧品業界にも進出し、化粧水や香水などを販売した。

1915年、経営を継いだ有信の三男・信三は、事業を化粧品に転換する。商標「花椿」を制定すると、1918年には過酸化水素クリーム、スムーシンクリーム、ローリングクリーム、コールドクリーム、艶美人クリームを発売した。さらに、意匠部（現・宣伝部）を創設して優れたクリエーターたちを集め、現在に続く〝広告の社内制作体制〟を確立した。「商品は最高の品質をもち、かつリッチでなければならない。それを商品それ自体に語らしめよ」。これが信三の一貫した製品哲学・広告哲学であり、同社の製品に独特の品位をもたらした。信三は千葉医学専門学校（現・千葉大学医学部）薬学科を卒業した後、米国に留学し、近代化粧品の製造と経営方法を研究した化学者であったが、絵を描き写真を撮る芸術家でもあった。

消費者に寄り添う戦略

1923年の関東大震災で東京工場と吹田工場以外、すべて焼失した同社は、大阪府吹田市に化粧品工場を新設した。卸売業務の再開に当たっては、共存共栄をモットーに「資生堂化粧品連鎖店（チェインストアー）」制度を打ち出した。加盟店申し込みはすぐに目標の200店を突破した。1927年には、本社と販売店の相互理解と店員の知識を高めるための機関誌『チェインストアー』を創刊した。さらに近畿以西に強力な販売網をもつ朝日堂と合併して製造と販売の組織を固めた。

1932年に発売した「ドルックス化粧品」は従来品に比べて2~3倍の価格だったが、品質は抜群で、わが国化粧品の水準を一挙に高めた。翌1933年には、百貨店の特設売場で美容実演をしながら化粧品を販売する「資生堂化粧品デー」を始めた。

1937年、同社は製品の愛用者を集めた組織「花椿会」を発足した。「利益の分配は愛用者まで」の考え方により、愛用者に感謝の記念品を贈るという趣旨だが、消費者の組織化、購買客の固定化による経営の安定化も期待できた。会員のための機関誌『花椿』は、同社の化粧品や美容法について丁寧に伝えるだけでなく、さまざまな生活文化に関する情報も充実させた。

1949年、同社は株式を上場した。化粧品会社であるからには女性株主を多くしたいと、社長名で全国の資生堂チェインストアーに挨拶状を出した結果、1957年には株主総数6366名のうち女性株主が1811名となり、比率と人数が共に日本一になった。

1951年、大消費地の販売会社の担当地域を分割して販売組織を強化、翌年には、商品の性格も販売方法も異なる化粧品と日用品を分離した「ホールセールチェイン制度」で流通機構を改革した。

1952年、同社は「躍進5カ年計画」を立案、「新製品の開発と既販製品の優良化」「販売力のあるチェインストアーへの優遇措置」「事務の簡略化と経営内容の分析検討ならびに調整策」と、生産、販売、経営面のすべてで具体的な目標を定め、売上倍増を目指した結果、最終の57年には4倍と躍進した。

1959年には一連の男性用化粧品を発売して、男性マーケットの新しい需要の拡大に本格的に乗り出した。1967年に発売した新「MG5」はその象徴である。「M」はフランス語で男性的を意味する「マスキュリン」、「G」は英語で性を意味する「ジェンダー」、そして「5」は「5つの特長をもつこと」を表す。「MG5」の成功によって、同社はスキンケアやフレグランスを含むトータルブランドとして男性用化粧品を展開するようになった。

創業の地を愛する

資生堂は銀座と深く結びつき、長い歳月の間、銀座と成長を共にした。そもそも銀座は、資生堂の創業と同じ年に発足した街とみることができる。1872年春の火災で大部分を焼失した銀座の再建策として、明治政府が煉瓦《れんが》建築によるわが国初めての近代都市計画に着手していたからだ。明治維新後最初の諸改革、価値の転換という点においても、1872年はエポックメイキングな年であった。

創業者の有信が選んだ新しい価値とは西洋薬学である。以来、「西洋風」が同社の企業文化の原点となり、事業の範囲が近代西洋文化全般へと広がっていったのは、同社が西欧文化を吸収する窓口になっていた銀座にあったからといえよう。有信は、価値を認めたものなら西洋のイミテーションではなく、あくまで本物を提供してわが国に定着させたいと考えていた。1902年には米国のドラッグストアを参考にして、店舗の一角に「ソーダファウンテン」を設け、自社製のソーダ水やアイスクリームを販売した。これが飲食事業を展開する資生堂パーラーの始まりで、業態を広げた一例でもある。

信三が後継者になると、銀座における同社の存在感はさらに増した。化粧品事業を本格化させた信三は、当時の銀座でもまだ少ない3階建てで煉瓦と鉄筋コンクリートからなる西洋風の建物に資生堂化粧品部を開いた。そのショーウインドーは銀座の夜に彩りを添えた。1919年にはギャラリー活動を始め、銀座の画廊の草分けとなった。信三は創業の地を愛し、発展に尽くしたのである。有信から続く「西洋風」とは、単なる模倣としての欧化主義ではない。「先進性」と「高品質」を加えることによって、同社は企業文化を際立たせた。資生堂と銀座の街は互いに影響を与えながら歩んできたといえよう。

〈参照社史〉『資生堂百年史』(1972年)、『創ってきたもの伝えてゆくもの:資生堂文化の一二〇年』(1992年)

資生堂の歩み

１８７２年　福原有信が東京・銀座にわが国初の洋風調剤薬局資生堂薬局を創業
１８８８年　日本初の練り歯磨「福原衛生歯磨石鹸」を発売
１８９７年　化粧品業界へ進出（「オイデルミン」発売）
１９０２年　店舗内にソーダファウンテン設置。ソーダ水、アイスクリームの製造販売開始
１９１５年　福原信三が経営者となる（１９２７年に社長）
　　　　　　商標「花椿」の原型考案（１９１９年商標登録）
１９１９年　資生堂ギャラリー（現存する日本最古の画廊）開設
１９２７年　㈱資生堂となる
１９３７年　愛用者組織「花椿会」発足。機関誌『花椿』創刊
１９６３年　イタリア・ミラノで販売開始。初の欧州向け化粧品輸出
１９６５年　米国に現地法人設立
１９７２年　資生堂社会福祉事業団設立
１９９２年　静岡県掛川市に資生堂企業史料館完成

CASE 20

三菱地所

100年のにぎわいを育む

東京駅丸の内中央口を出ると、皇居へと続く行幸通りがある。皇居に向かって左側には「丸の内ビル」、右側には「新丸の内ビル」が立つ。三菱地所を代表する2棟のビルの歴史には、街づくりのエッセンスが詰まっている。

一から街をつくる

明治半ばの1890年3月、三菱社は政府から丸の内と神田三崎町の土地約353万平方メートルの払い下げを受けた。同社は丸ノ内建築所を設置して英国からJ・コンドルを顧問に招聘、次々に赤煉瓦《れんが》の建物を建設していった。草ぼうぼうだった丸の内の野原は、洋風の建物が並ぶビジネス街に変貌した。ロンドンの面影を感じさせるその景観から、丸の内は「一丁倫敦《いっちょうロンドン》」と呼ばれた。

１９２０年１月、同社は「丸の内にビルを建て、それを賃貸営業する」経営方針を確立した。丸の内の事務所スペースへの需要が増大していたからである。同社は地所部技師長・桜井小太郎の設計にもとづき丸ノ内ビルの建築を計画した。米国式近代的建築施工方式と機械力を駆使した画期的工法によって、１９２３年、丸ノ内ビルが竣工した。１９２８年には、丸ノ内ビルに次ぐ二番目の高層貸事務所・八重洲ビルが竣工した。

１９３７年５月、三菱合資会社から独立して三菱地所が設立され、丸ノ内ビルとその敷地は同社の所有となった。１９４５年４月には三菱本社の現物出資により、八重洲ビルとその敷地も同社の所有になった。

１９５０年代初頭、同社は東京ビル、永楽ビル、新丸ノ内ビルを相次いで竣工したのだが、新丸ノ内ビルでは資金の手当てに苦心した。当時の資本金1億円に対して、新丸ノ内ビルの建設費は約30億円であった。同社は入居が決まっていたテナントから借り入れをして建築費にした。これはその後、「テナント借入金制度」となった。

魅力を磨き続ける

第2次世界大戦後の財閥解体により、三菱本社は解散した。これに伴い、１９５０年１月に陽和不動産と開東不動産が設立され、丸の内は3社による分割経営になった。１９５３年には3社が合併して〝新生〟三菱地所がスタートした。旧・三菱本社が所有していた土地と建物を継承した結果、所有する土地は232万平方メートル、建物は69棟・延べ床面積は333万平方メートルに上った。1年間の営業収入が20億円を超える、わが国最大の不動産会社が誕生したのである。

1958年には三菱商事ビル、そして丸の内に隣接する大手町エリアに大手町ビルや新大手町ビルなど大型ビルを次々に建設した。これらの建物は近代的であったが、一方で竣工から半世紀以上が経過して老朽化が目立つようになった赤煉瓦の建物は米国の企業から「ニューヨークのハーレムを連想させる」と敬遠されたことから、同社は1959年に「丸ノ内総合改造計画」をスタートさせた。同年末に着工した千代田ビルを皮切りに1973年の三菱ビル竣工に至るまで、30棟の古い建物を取り壊し、その跡地に13棟の近代的ビルを建設したのである。また、丸の内仲通りの道路幅を13メートルから21メートルに拡幅、グリーンベルトを設けて街路樹や四季の草花を植え、都市の機能と環境美を兼ね備えたビジネスセンターをつくりあげた。

また「防災建築街区造成事業」として東京駅八重洲口から日本橋にかけて位置する常盤橋地区や、有楽町駅前地区の再開発にも取り組んだ。常盤橋地区には当時東洋一の規模をもつ日本ビルを竣工、有楽町駅前には東京交通会館や新有楽町ビルを竣工した。これらの事業は大規模都市開発の草分けとなった。

1980年代に入ると、横浜での事業展開を開始、1993年にはみなとみらい21地区に横浜ランドマークタワーを竣工した。高さ296メートルと当時日本一の超高層ビルにオフィスやホテル、商業施設を垂直的かつ複合的に取りまとめた街を形成したのである。

時代をリードする街づくり

総合デベロッパーへの飛躍を図り、同社は1968年に住宅部を設置、1972年には販売組織の確立と販路拡大を図って三菱住宅販売株式会社を設立して、不動産・住宅事業に本格的に進出した。マンションは「赤坂パークハウス」(1970年竣工)を第1号に「パークハウス」シリーズを供給。首都圏での分譲地販売は1970年から開始、地方では1972年に札幌市で約11万7000平方メートルの分譲を行い、大規模宅地開発の先鞭をつけた。札幌、小樽、広島など各地で多くの大規模複合開発事業を手がけたが、なかでも、仙台市郊外の泉パークタウンは、1万3400戸の「住む」機能と工業・流通団地など「働く」機能に加え、テニスコートやゴルフ場などのスポーツガーデン、すなわち「憩う」機能をもった街である。一企業が単独で手がける複合開発事業としては日本最大規模であった。

海外では、1972年にモルガン三菱デベロップメントカンパニー(MMDC)を設立、カリフォルニア州など全米で住宅やリゾート開発を進めた。1991年にロサンゼルスで竣工した「777タワー《セブンセブンセブン》」など、大規模複合開発計画にも携わった。1990年には、ニューヨークに多くのビルを所有するロックフェラーグループ社に資本参加した。英国では、1985年にロンドンの金融街・シティにある歴史的な建築物アトラスハウスを取得、オフィスビル賃貸を手始めに、同地区の大規模な複合計画であるパタノスタースクエアの開発にも参加した。

同社は1988年に丸の内再開発計画を発表し、ビルの建て替えに着手した。丸ノ内ビルや新丸ノ内ビルはそれぞれ丸の内ビル、新丸の内ビルに生まれ変わった。2004年9月に東京駅丸の内北口前にオープンした「丸の内オアゾ（ＯＡＺＯ）」は、旧国鉄本社ビルや交通公社ビル、丸の内ホテル跡地を再開発した複合施設である。

丸の内をはじめ、全国各地でにぎわいと多様性のある街をつくってきた三菱地所。その歩みには、100年以上通用する知見とデザインセンス、そして時々の最先端の技術が詰まっている。社会の要請に先んじた魅力的な街づくりが止まることはない。

〈参照社史〉『丸の内百年のあゆみ：三菱地所社史』（1993年）

三菱地所の歩み

1890年　三菱社が政府から土地の払い下げを受ける
1893年　三菱㈾に改組
1923年　丸ノ内ビルヂング竣工
1937年　三菱㈾から地所課が独立し三菱地所㈱を設立
1952年　新丸ノ内ビルヂング竣工
1959年　丸ノ内総合改造計画策定
1972年　泉パークタウン起工
1988年　丸の内再開発計画を発表
1989年　福岡でイムズ（天神ＭＭビル）竣工、営業開始
1990年　米・ロックフェラーグループ社に資本参加
1993年　横浜ランドマークタワー竣工
1995年　丸ノ内ビル建て替え発表（99年4月着工、2002年8月丸の内ビル竣工）
2005年　新丸の内ビル着工、2007年4月竣工

第4章

新機軸を出す
着眼点・発想の転換

花王
三越
イムラ封筒
ブリヂストン
ヤマト運輸
マツダ
サンスター
大和ハウス工業

CASE 21

花王

活発な研究開発が暮らしを変える

花王の創業者・長瀬富郎《とみろう》は1887年、東京・日本橋馬喰町に洋小間物を商う長瀬商店を開業した。一番人気は化粧石鹸だったが、高価な輸入品に限られていた。長瀬は優良な国産石鹸の製造を決意し、技術者・村田亀太郎や薬剤師・瀬戸末吉の協力を得て、1890年、「花王石鹸」の製造販売に踏み切った。桐箱入りで3個35銭、「〝顔〟も洗える高級石鹸」が花王の名の由来で、美と清浄のシンボルとして月のマークを採用した。

石鹸の研究開発がもたらした製品の多角化

長瀬は全国の新聞や劇場の引幕への広告掲載、鉄道沿線の野立看板の設置などきめ細かい宣伝活動を展開、「花王石鹸」の販路を全国に広げ、1911年には同社を合資会社へと改組した。同年に富郎が没し、三男・富雄が二代長瀬富郎を襲名した。1927年に22歳で社長に就任した二代富郎は、翌年、欧米の先進商工業視察の旅に出た。帰国後、石鹸製造を多角的に研究し、原料、香料、生産設備、製法、形態、パッケージデザインに至るまで、すべてを一新し、「花王石鹸」を41年ぶりにモデルチェンジした。1931年、全国一斉に発売した新装「花王石鹸」は徐々に売り上げを伸ばし、大ヒットした。

「研究開発は会社発展の原動力」という同社のDNAは、初代富郎が1906年に設置した「試験室」から始まる。1929年に新設された「研究の研究会」は、若手の技術者を中心にした横断的な組織で、経営陣も参加して自由に議論し、情報を共有した。

研究組織を強化した同社は、1930年代に「花王シャンプー」、小粒洗濯石鹸「ビーズ」、家庭用クレンザー「ホーム」、粉末中性洗剤「エキセリン」など新製品を次々に発売した。花王シャンプーは、月に2回程度だった洗髪を「専用の商品で週に1度」に人々の習慣を変えた。

より良い石鹸を、と願って始まった研究開発はその過程で油脂そのものの研究に広がり、後年の精密油脂化学へとつながって、家庭品事業と並ぶケミカル事業で花開くことになる。

1934年には、家事を科学的アプローチから観察し、その合理化・能率向上を図る啓発的な研究組織「家事科学研究所」を本社内に設立した。同研究所が目指した活動は、時代や社会が変化するなかでも、消費者視点に基づく活動として今日まで続いている。

視察道中の気づきが再生に導く

第2次世界大戦終戦からの数年間は、同社の歴史のなかで最も苦しい時代で、事業再建は困難を極め、企業分割と合併を繰り返し、1949年には花王石鹸と花王油脂の2社に集約された。当時の最大の課題は、再生の決め手となる製品づくりだった。

1950年、会社再生のヒントを探すべく、米国視察に出かけた専務の丸田芳郎《よしお》（71年に社長就任）は、往路で寄港したハワイで、P＆G社が発売した「タイド」に出合った。石油系の原料でつくられた合成洗剤である。「これならエキセリンの製造技術でつくれるかもしれない」。直感した丸田はタイドを即、和歌山にある工場に送った。4カ月後、丸田が帰国したときには化学分析がすみ、配合成分も突き止め、製品化の準備ができていた。1951年に発売した衣料用合成洗剤「花王粉せんたく」（のち「ワンダフル」に改称）は、折からの電気洗濯機の普及を追い風にして大ヒット商品となった。

1954年、花王石鹸が花王油脂を吸収合併。1960年代には「ザブ」「ニュービーズ」「マイペット」など合成洗剤を軸に発展、1970年代には香粧品（ヘアケア・スキンケア用品）分野でも「花王石鹸ホワイト」「メリットシャンプー」など特徴ある製品を開発して、同社の商品ラインアップが一気に花開いた。

1960年代後半に資本の自由化が迫ると、同社は物流の近代化に取り組んだ。全国に100以上の花王専門の販売会社を設立、1970年に策定した「物流近代化5ヵ年計画」に基づき、大量の商品を効率よく運ぶ「ユニットロードシステム」を完成させた。さらに、花王本社と各工場・販社をコンピュータで結ぶ情報システムを構築、日々の売上・在庫データを基に、適正出荷量を自動的に工場から出荷する体制を完成させた。

研究体制を見直し発展

1960年代に同社が進めた経営の基盤づくりが、研究開発体制の強化だった。その象徴が「産業科学研究所」である。同社が総合化学メーカーへと発展していくための中核ともいうべきもので、1964年に和歌山工場、3年後には東京の研究所にも研究棟が完成、分散していた研究チームが集結して、和歌山では化学品、東京では家庭品と、同社を支える研究体制が整った。

1970年代後半、日本経済は高度成長から安定成長へ転換、消費者の価値観の多様化が進み、製品の差別化、高付加価値化が求められるようになった。同社は1976年、より実践的で部門間の協力がスムーズに図れるよう管理、家庭品、化学品、生産技術、研究開発の5部門に再編する大幅な組織改革を行った。技術系以外の経営陣も参加する研究会議を毎月開いたほか、異分野の研究者たちが専門の壁を越えて自由に交流して新しい発想と独創性を生み出せるよう、研究室の仕切りを取り払い、大部屋方式に改めた。

新たな研究風土を築いた同社は、日本で初めて高分子吸収体を使った生理用品「ロリエ」、中性の洗顔料「ビオレ」、皮膚科学に基づく化粧品「ソフィーナ」、炭酸ガスを使った入浴剤「バブ」、紙おむつ「メリーズ」、コンパクト洗剤「アタック」と、今の同社を支える主だった製品を１９７０年代後半から80年代後半にかけて集中して開発し、脱石鹸洗剤を推進した。なかでも「アタック」は、同社の技術革新の成果が凝縮された画期的な製品だった。バイオ技術により洗浄力をアップさせると同時に、洗剤粒子の容量を従来の４分の１にまでコンパクト化して、従来の大きくて重いという洗剤のイメージを一新させ、瞬く間にトップブランドに成長した。急速に製品の幅が広がったこともあって、１９８５年には花王石鹸から花王へと社名を変更した。

さまざまな生活シーンで使われている花王製品。その数約１４００種類。花王グループの活動拠点は世界32カ所に上る。製品開発もグローバリゼーションも積極的に展開し、花王は進化し続けている。

〈参照社史〉『花王１２０年：１８９０－２０１０年』（２０１２年）

花王の歩み

1887年　洋小間物店の長瀬商店を開業
1890年　国産の高級化粧石鹸「花王石鹸」発売
1911年　㈾長瀬商会を設立、個人企業から会社組織へ改組
1931年　新装「花王石鹸」発売
1932年　「花王シャンプー」発売
1934年　家事科学研究所新設（1937年に長瀬家事科学研究所と改名）
1951年　衣料用洗剤「花王粉せんたく」（のち「ワンダフル」に改称）発売
1954年　花王石鹸㈱が花王油脂㈱を吸収合併
1970年　「メリットシャンプー」発売
1978年　生理用ナプキン「ロリエ」発売
1983年　炭酸ガスを使った入浴剤「バブ」、紙おむつ「メリーズ」発売
1985年　花王㈱に社名変更
1987年　コンパクト衣料用洗剤「アタック」発売

三越

小売業の新機軸を打ち出した百貨店の先駆者

CASE 22

1905年、お正月の新聞に載った全面広告「デパートメントストア宣言」。百貨店という業態を世に広めた三越の広告は、小売業近代化の象徴である。

呉服店から百貨店へ

三越のルーツは、三井高利《たかとし》が1673年に江戸本町1丁目（現在の日本銀行あたり）で開いた呉服店「越後屋」（1893年に合名会社三井呉服店に改組）である。しかし、明治になって社会・経済の大変革期が到来しても、経営は旧態依然たる状況だった。

1895年、米国の小売業を見聞して小売経営に抱負をもっていた高橋義雄が三井銀行大阪支店長から三井呉服店に転じて、座売り（客の求めに応じて商品を奥から取り出して見せる売り方）を陳列販売に、大福帳を西洋式帳簿に改めるなど、近代化を試みた。しかし、一連の急激な改革は古い習慣に安住していた店員の抵抗で大混乱を引き起こした。

高橋は三井銀行本店の副支配人・日比翁助《ひびおうすけ》に後を託すべく、出向をもちかけた。当時〝あきんど〟はインテリのやる仕事ではなかったうえに、「人に頭を下げるのが一番の苦手」と日比は固辞したが、上司の中上川《なかみがわ》彦次郎までが説得に加わった。日比が前任の和歌山支店長時代、乱脈を極めていた支店経営を一挙に立て直すという荒療治をしながら、むしろ部下に慕われたという手腕と人柄に着目したからであった。結局、日比は二人の懇請に応じて、１８９８年、三井呉服店の副支配人に就任した。

１９０４年、日比は三井グループを統括する三井理事会に三井呉服店の将来計画案・新構想を提示した。ところが、理事会は三井呉服店を分離独立させる形で切り捨ててしまった。三井の事業は銀行・貿易・鉱山等に重点が移り、時代の歩みから取り残され、事業規模も小さい呉服店はお荷物でしかなかったからである。

同年12月、資本金50万円の株式会社三越呉服店（店名は三井の「三」と越後屋の「越」から）が設立され、日比は専務取締役に選任されたが、彼は上ったはしごを外されたと受け止めた。「こうした扱いを受けるのも、小売業の社会的地位が低いからだ。小売業を一つの産業（インダストリー）として成立させ、社会的名声を獲得しなくては」。日比は１９０５年年頭の東京日日新聞に新店名披露を兼ねて、デパートメントストアとしての新たな営業方針、改革の決意を表明した全面広告「デパートメントストア宣言」を掲載した。

西洋化を追い風にした新たな試み

百貨店への第一歩を踏み出したとはいえ、店は黒塗り土蔵づくりの2階建てで、商家の古風を残したまま。日比自身、具体的なイメージがつかめずにいた。そこで日比は翌1906年、先進国の百貨店視察のため渡欧した。視察の結果、最新の設備を集め、卓越した経営法で繁盛し、「誠実・奉仕・積極」という三越の精神にも通じる、ロンドンのハロッズを手本とすることにした。

「東洋のハロッズ」を目指して、日比は次々に改革を打ち出す。まず1908年、店舗を木造ながら西洋風ルネッサンス式3階建てに一変させ、食料品以外の部門をそろえた。次いで、日本橋通りに面する土蔵造りの旧建物を取り壊して、ショーウインドーを建設、商品を展示して通行人の目を引いた。また、商品切手（後年の商品券）の販売、花自動車の運行、洋服部の開設、買上品のお届けサービスなどの新機軸を打ち出した。

三越は国内の急激な西洋化に対応、せっけん、化粧品、時計、絵画・美術品、洋食器、万年筆、玩具、靴など欧米の生活スタイルや文化が感じられる商品を輸入して販売した。さらには役員・社員を毎年海外に派遣して、西洋の風俗、商品、装飾法、デパートメントストア制度などを視察、習得させた。

やがて、「三越は貴賓の接待所・国際サロン」という評判が定着すると、皇族をはじめ、政治家、軍人など内外の有力者や著名人の来店が相次いだ。

1914年9月には白レンガに装いを凝らしたルネッサンス式の、鉄筋の地下1階地上5階建ての本店新館が完成。正面入口の左右にライオン像、店内には日本初のエスカレーターをはじめ、エレベーター、スプリンクラー、暖房換気、スパイラルシュートなど最新設備が施された。商品を陳列するフロアは、中央階段と採光天井が荘厳な雰囲気を醸し出している。広々とした食堂や休憩室、そして屋上に設けられた庭園や茶室、音楽堂などの施設は東京、いや、日本の新名所として話題をさらった。

小売業のあり方を変えたビジネスモデル

店舗の新装に並行して、商品構成についても食料品部、茶部、鰹節部、花部などを設置して充実を図った。まさに百貨全般の品ぞろえを実現し、「スエズ運河以東最大」とも謳《うた》われる店舗を完成させた三越は、わが国百貨店のパイオニアとしての地位を確かなものにした。今なお広告コピーの傑作として語り継がれている「今日は帝劇、明日は三越」は、当時の帝国劇場のプログラムに掲載されたものである。

こうして、現在の百貨店の基本的性格のほとんどが形づくられ、日比の〝理想〟が実現、三井からの分離独立を余儀なくされた三井呉服店は、三越という百貨店に生まれ変わって、人々に暮らしの夢と最新の生活文化を提供し続けることになった。

それだけではない。一つの巨大店舗を多種多様な専門商品を扱う売場の集合体と捉える、商品は部門別に仕入れ、管理・販売する——。呉服店からスタートした三越がたどり着いたビジネスモデルは、その後の日本にも登場する大量生産・大量消費時代に見合う大量販売の手法の確立、つまり、小売業界への規模の経済の導入であった。三越の歩みは、小売業のあり方を大きく変革し、確固たるインダストリーに押し上げた軌跡なのである。

〈参照社史・参考文献〉『株式会社三越100年の記録』(2005年)ほか、高橋潤二郎『三越三百年の経営戦略:その時経営者は何を決断したか』サンケイ新聞社出版局(1972年)

三越の歩み

1673年　三井高利が呉服店「越後屋」を開業
1893年　越後屋を合名会社三井呉服店に改組
1895年　高橋義雄が理事に就任、経営改革に着手
1898年　日比翁助、三井銀行から三井呉服店の副支配人に
1904年　㈱三越呉服店設立。初代専務に日比翁助が就任。
1905年　「デパートメントストア宣言」を発し、日本初の百貨店化を打ち出す
1906年　日比翁助がデパートメントストア視察に渡欧
1908年　ルネッサンス式・木造3階建ての本店仮営業所を開店
1914年　本店新館落成、ライオン像や日本初のエスカレーター、エレベーター、暖房などの最新設備を備える
1928年　㈱三越に改称
1956年　本店の第1期増設工事が完成、全国一の店舗になる
2008年　伊勢丹と経営統合し、㈱三越伊勢丹ホールディングスを設立

イムラ封筒

時代を見抜いた戦略で業界首位をつかむ

CASE 23

売上高約200億円、国内シェア2割強、封筒業界最大手にして業界唯一の上場企業であるイムラ封筒。井村福松が荷札の製造販売会社として同社を創業し、後に進出した封筒事業を確立。小さな商品にアイデアを詰め込み、封筒革命をもたらした。

荷札から始まり封筒へ

井村は1896年、奈良県宇智郡北宇智村（現・五條市）の農家の三男に生まれた。県立農林学校を卒業すると小学校の教職に就き、その後養蚕や売薬にも手を出したが、もっと収入もやりがいもあって、将来性のある事業をやりたいと模索し続けていた。ある日、駅で山積みの荷物に付けられた荷札に目が吸い寄せられた。手書きで宛先を記したものだ。鉄道は文明開化のシンボルで、鉄道貨物が主力だった当時、地域の産業発展、生活向上に欠かせない手段でもあった。鉄道が全国各地へ延び、貨物輸送が伸びれば、物資移送に欠かせない荷札需要の将来は明るい。何より「一度使ったら二度使わないもの」で、つくる側にとって継続して大量に消費され、繰り返し買ってもらえる商品であることは、井村が思い描くものづくりの基本に沿っていた。

紙の仕入れや断裁、インク、活字などの荷札づくりに必要な情報を、印刷業を営む義母の実家とその取引先から学んだ井村は、21歳で井村商会を創業、自宅を加工所にして荷札の製造販売を開始した。井村の予想は的中して、注文が相次いだ。国鉄貨物の集荷・配送を一手に担っていた日本通運との近畿、山陰地方の取引を押さえ、中国・四国地方への販売も加わり、フル回転の生産だった。1930年代半ばには1日に30万枚の生産を従業員4人と家族を合わせた7人の手加工のみでこなしたが、安値攻勢でシェアを拡大してきたから、年商の割に利益は薄かった。

井村は荷札だけで会社を大きくしては危ないと、関連商品である封筒業界への進出を決意した。封筒の先発メーカーはまだまだ未熟で、生産体制は十分に整っていない、大手メーカーの重点商品は私信用である、流通経路は代理店中心で直販はほとんどない、といったことがわかったので、事務用封筒に重点を置き、直販を展開していくことにした。

将来を見据えた企業構想

封筒を、荷札と並ぶもう一本の柱とするために、1936年、1日に10万枚生産できる最新鋭の製袋機を導入した。価格は1000円。土地付きの立派な家が建つ大金だった。

1937年、日中戦争が勃発すると、統制経済の強化を見通して、二つの手を打った。第1は原材料の確保である。鉄・金属は真っ先に軍需用に回され品薄になるため、荷札の針金は2年分、荷札用紙は7カ月分、封筒用紙は3カ月分を備蓄した。第2は官庁への食い込みだった。官庁の仕事を手がけていれば、必要な資材は官庁が回してくれるからである。

戦時中は「闇や軍の仕事に一切手を出さない」を貫いた。正当な価格で商品を提供し続け、メーカーの供給責任を果たしたことが、同社の信用を高め、その後の得意先の拡大にもつながった。

1950年、井村荷札封筒に改組、従業員50人、売上高3100万円の中小企業に成長した同社は、日本一の封筒メーカーを目指して新しいスタートを切った。印刷機や製袋機を増設して機械化・自動化を進める一方、4段階からなる15年間の「長期企業構想」を策定、多方面にわたる具体的な目標を定め、それを着実に実行した。

第1段階では、別注品により官庁を主体とする得意先の拡張を図り、市販品は信頼できる問屋を1県1店舗に絞る。第2段階では、直販を一般企業に広げ、その下に文具商、印刷業者を集め大規模な販売網づくりを行う。第3段階では、東京進出と新商品開発を重点目標とし、専門化、単純化、標準化の三つを基本方針に、誰でも動かせる機械や設備を考案する。第4段階では、組織の充実、生産性の向上など近代的企業体制を確立する。この長期構想の底に流れる戦略は、荷札からの完全撤退、事務用封筒への全面シフトであった。そしてこの戦略は、経済発展に伴ってより大きな需要増が期待できるのは事務用封筒だという判断に基づく。

アイデアと技術力で封筒革命を起こす

長期構想の第3段階で輪転製袋機直結フレキソ印刷機、輪転タック製袋機、輪転プラマド製袋機など、機械メーカーと見紛うほどの新技術開発ラッシュをみせた同社は、それらの機械を使って封筒革命ともいうべき新たな商品開発に向かった。封筒表面の一部を窓状に打ち抜き、内側からセロハンあるいはグラシン紙を貼ったセロマド封筒、特殊な樹脂液を塗り加熱することで窓部分の紙そのものを透明化したプラマド封筒、封をする部分に両面接着剤を塗って乾燥させることで、濡らさなくても封緘《ふうかん》できるタック封筒、封筒裏面に貼り目がなく、情報を印刷して宣伝媒体とするサイドシーム封筒などを世に送り出した。

1962年、イムラ封筒に商号変更、翌年には封筒生産量において業界首位に上り詰めた。

1980年には、オイルショック後の不況対策、事業多角化の第一歩としてメーリングサービス事業部を発足させ、各種通知書、商品カタログから定期刊行物まで、大量発送を必要とする郵便物の封入、包装、宛名の印字・貼り付けと発送、さらに顧客リスト管理まで、ハード、ソフト両面をカバーするサービスを始めた。

ポチ袋からレントゲン袋まで、さまざまな袋物を製造している同社。セグメント別の売上構成比は、パッケージソリューション事業約76％、メーリング事業約16％、その他8％で、封筒部門の売り上げの88％は法人を取引先とするオーダーメード封筒が占める。ニーズを的確にとらえ、信頼関係を築き上げているから、リピート率は70％以上になる。

同社の歩みを顧みると、創業者の時代を見抜く力、経営首脳の構想力、多種多様な機械や商品の創出を実現した技術力と、目標に向かって全社員が情熱をもって走り続けた活力に満ちた会社の姿をみることができる。

2023年2月、株式会社イムラへ社名変更、先人たちが築き上げたイノベーションと受け継がれてきたものを守りながら、今までにない事業領域に挑戦し、社会と人生に潤いを創造し続けている。

〈参照社史〉『イムラ封筒80年史』（1999年）、『イムラ封筒100年史：百年の歩み』（2019年）

イムラ封筒の歩み

１９１８年　奈良県で井村商会を設立（創業）。荷札の製造販売を開始
１９３７年　封筒の製造販売を開始
１９４０年　セロマド封筒の生産を開始
１９５０年　井村荷札封筒㈱に改組。大阪連絡所（現・大阪本社）の開設
１９５８年　東京連絡所（現・東京本社）を開設、東京進出開始
１９６０年　プラ窓封筒を開発
１９６１年　輪転製袋機直結フレキソ印刷機開発
１９６２年　㈱イムラ封筒に商号変更。輪転タック製袋機開発、輪転貴重品袋製袋機開発
１９６８年　創業から50年続けた荷札製造から撤退
１９７７年　サイドシーム封筒（横貼り封筒）発売
１９８０年　メーリングサービス事業部を新設
２００１年　ワイドウインドウ、クイックオープナー発売
２０１８年　東京・大阪の2本社体制とする（登記上の本社は大阪）

ブリヂストン

家内工業から世界企業に脱皮した経営者の先見

CASE 24

世界最大手のタイヤメーカー、ブリヂストン。発祥の地はゴムの生産地でも自動車メーカーの集積地でもない福岡県久留米市。出発点は家業の仕立物業だった。

足袋とゴム靴製造で大成功

1906年に久留米商業学校を卒業した石橋正二郎は、17歳で兄の重太郎とともに家業の仕立物業「志まや」を引き継いだ。その年末、兄が1年志願兵として軍隊に入ったため、経営の一切を担うことになった石橋は、シャツ、ズボン下、脚絆《きゃはん》、足袋などの種々雑多な品物の注文に応じるのは非能率と考え、事業を足袋専門に改めた。無給かつ無休だった徒弟に対しては給料制を導入し、勤務時間を短縮して月2日間の休日も与えた。当時の商家としては大革命だったが、独断で実行した。2年後、除隊した兄と協力して新工場を建設、生産工程の機械化を進めた。すると、1906年では280足だった1日の足袋生産量が、1909年には700足に増加した。

足袋の需要期は主に冬場なので製品ストックが多い。運転資金調達をスムーズにするために、借入金の返済期限を厳守して信用を高めた。1912年には、「志まや」の機械什器資産額に匹敵する2000円で自動車1台を買い入れ、宣伝に利用した。当時、自動車は九州には1台もなかったから大評判となり、絶大な効果を収めた。

1914年にはブランド名を志まやから「アサヒ」に変えて「20銭均一アサヒ足袋」を発売。これにより、品種やサイズで細かく値段が分かれ、値段表と首っ引きでなければできなかった取引を単純化・合理化しただけでなく、3割以上の値下げと商品イメージの一新にもなった。同業者は「同じ値段では大きなものは売れても小さなものは売れない」と2年間も同調せず、その間独走し続けた同社は、販売高を1913年の60万足から5年で300万足にまで伸ばした。

1918年、日本足袋を設立し、兄が社長に、正二郎が専務取締役に就任。その直後、第1次世界大戦後の反動恐慌に遭遇して創業以来初の欠損を計上した。

苦境打開のため創案したのが、地下足袋である。当時、日本の勤労者の履物といえばわらじだったが、足に十分な力が入らないために作業能率を妨げ、釘やガラスの破片を踏み抜きやすく危険であった。しかも、耐久力がないため1日に1足は履きつぶす。1923年1月に「特許アサヒ地下足袋」を発売すると爆発的な人気を呼び、当初1000足だった1日の生産量は年末には1万足にまで増加、生産開始から13年目の1935年には年産2000万足をマークした。

1923年には、ゴム靴の製造にも乗り出した。洋服の普及に従って履物も下駄や草履から靴へと移りつつあったが革靴は高価で、市場では安価なゴム靴が歓迎されていたからだ。ゴム靴は海外にも膨大な需要があって、同社の輸出先は全世界に及んだ。

周囲の反対を押し切りタイヤ製造に挑戦

石橋は欧米のゴム工業の主力となっていた自動車タイヤに注目。将来のモータリゼーションを確信し、「良いものを安く提供して自動車の発展に貢献し、製品を輸出して外貨獲得に貢献したい」と、タイヤの国産化を決意した。

石橋の周囲は、新事業は危険であると大反対した。そんななかでただ一人、ゴム研究の第一人者、君島武男九州帝国大学教授が「日本足袋の年間利益相当分くらいの金を研究費につぎ込み、捨てる覚悟があれば助力しよう」と言った。勇気を得た石橋は、必要な機械類一式を極《ごく》秘裡《ひり》に米国の会社に発注した。その際、社名や商標を刻んだ金型も必要だったため、社名は石橋の「石」と「橋」の英訳を逆にして「ブリッヂストン」に、商標は石で橋を築く際に中心となる要石《かなめいし》（キーストーン）の断面にブリッヂストンの頭文字BとSを配置したデザインに決めた。

日本足袋にタイヤ部を設け、1929年暮れにはタイヤ工場も完成して試作・研究を開始したが、担当者約20人全員が素人である。輸入した機械に添付されていた10枚余りの簡単な仕様書を頼りに悪戦苦闘し、2カ月後に第1号のタイヤがようやく誕生した。

1930年2月、石橋は、初めてタイヤ国産化に懸ける決意を社員に明らかにし、翌年にはタイヤ部を分離独立させて、ブリッヂストンタイヤを創立した。経済情勢は不況のどん底にあったが、石橋はこれを逆手にとり、資材や労働力を安価で確保した。

信用を勝ち取るための努力

本格的にタイヤ生産を開始したものの、市場は外国勢が押さえていた。後発メーカーには信用こそが重要と、不良品は無料で新品と取り換えるという徹底した品質責任保証制を採用した。技術的に未熟であったことに加え、故意に破損させて取り換えを要求する者が続出して、創立以来の3年間に返品タイヤは10万本（返品率25％）に達し、100万円を超える損失を出した。その間、「3年ともたず破産するだろう」と噂され、社内では「破損は使用法や路上の瓦、釘など不可抗力に原因があるものもある」という工場と「信用維持のためにはわずかな不良でも大打撃だ」という販売担当の間で激しい議論が交わされた。工程改善、設備の充実、故障の早期発見など血のにじむ努力を重ねた結果、返品は目に見えて減少し、1932年には商工省から優良国産品の認定を受けたほか、米国のフォード本社の試験にも合格した。

石橋は、国際的にも品質が保証されたことで自信を深めた。1932年暮れには東南アジア、ニュージーランドなどに向けて市場調査と輸出を開始、1万4000本の売り込みに成功した。1933年には、日本足袋に委託していた輸出業務を移管して自主輸出体制を整え、8万4000本とさらに実績を伸ばした。

若くしてトップマネジメントとして徹底した合理性と先見性を発揮し、強固な意志を貫徹した類い稀な経営者・石橋正二郎は、2006年、米国自動車殿堂入りを果たした。2022年現在、ブリヂストングループは、約130の生産・開発拠点を持ち、150を超える国々で事業を展開、自動車関連商品や自転車から、ゴルフ、テニス用品まで多様な製品を送り続けている。

〈参照社史〉『ブリヂストンタイヤ五十年史』（1982年）、『ブリヂストン七十五年史』（2008年）

ブリヂストンの歩み

１９０６年　石橋正二郎、兄・重太郎と家業の「志まや」を継ぐ
１９１８年　日本足袋㈱を設立
１９２９年　日本足袋㈱にタイヤ工場を設置、自動車タイヤの試作・研究開始
１９３１年　福岡県久留米市にブリッヂストンタイヤ㈱を設立
１９３７年　本社を東京に移転
１９４２年　太平洋戦争にともない日本タイヤ㈱に社名変更
１９５１年　ブリヂストンタイヤ㈱に社名変更。ブリヂストンビル（本社ビル）竣工
１９５３年　売上高が１００億円を突破、国内業界首位に立つ
１９５６年　石橋文化センターを建設、久留米市へ寄贈
１９６４年　わが国初の乗用車用ラジアルタイヤを開発
１９６８年　社是「最高の品質で社会に貢献」制定
１９８４年　㈱ブリヂストンに社名変更
１９８８年　ファイアストン社を買収し、子会社とする

ヤマト運輸

荷物に宿る思いを届ける

CASE 25

ヤマト運輸の宅急便といえば、わたしたちの生活に欠かせないサービスの一つである。100年以上前、たった4台のトラックで事業をスタートした同社は、「運ぶ」の概念を拡大・進化させて、驚異的な発展を遂げた。

銀座生まれの貨物輸送

1919年11月、30歳の小倉康臣《やすおみ》が東京京橋区木挽町（現在の銀座3丁目）で大和《やまと》運輸を創業した。当時、貨物輸送の主な手段は牛馬車や荷車だったが、スピード時代の到来を確信した康臣はトラックを4台そろえ、事業をスタートした。社名の「大和」は日本の呼称と、2階部分を事務所として貸してくれた薪炭商「山登屋《やまとや》」にちなむ。

第1次世界大戦後の不況で経営は厳しかったが、1923年に三越呉服店（現・三越）と商品輸送を契約したほか、同年9月に起きた関東大震災後の復興輸送では、払込資本金に近い2万円以上の運賃収入をわずか2カ月で得て経営基盤を確立した。同業者との差別化を図るべく、1924年に引越・婚礼荷運送を始めると依頼が殺到、1920年代後半にはシェア70%を獲得した。

しかし、特定の荷主にトラックを提供するだけでは主体性がなく、企業としての発展に限界がある。1927年に欧米を視察した康臣は、英国で「集荷―輸送―配達」、すなわち「ドア・ツー・ドア」のシステムを知り、定期便の路線網を日本につくろうと考えた。1929年に開始した東京―横浜間の定期便積み合わせ輸送は、日本初の路線事業だった。1936年、「大和便《やまとびん》」に改称した定期便はやがて、関東を網羅するようになった。

第2次世界大戦の終戦から1カ月後、同社は大和便を再開した。さらなる長距離運行を目指し、1950年に国鉄の貨物駅であった汐留や秋葉原、飯田町に営業所を開設した。その後も平《たいら》線（東京―福島間）、仙台線（東京―塩釜間）、大阪線（東京―大阪間）とエリアを広げていった。並行して同社はGHQの物資調達や引っ越しなど進駐軍関係の作業も担った。このときに培った梱包技術や海外輸送のノウハウは、後の事業多角化につながった。

不便から着想した宅急便

１９７０年代に入ると、石油危機の影響で輸送量が伸び悩み、同社は経営危機に陥った。１９７１年に第2代社長に就いた小倉昌男（康臣の次男）は、身近なところに新事業のヒントをみつけた。息子のお古の服を遠方の甥に送るとき、国鉄小包や郵便小包の煩雑な荷造り、窓口への持込みというサービスの質の低さを目の当たりにし、家庭間の小口配送という市場に着目したのだ。個人間の貨物は偶発的・非定型的で集配効率がきわめて悪く、事業化は困難というのが業界の常識だった。これに対し昌男は地域別均一料金、荷造り不要、原則として翌日配達など、顧客の立場に寄り添ったサービスを構想、１９７６年1月20日、関東一円を対象に「宅急便」の営業を開始した。

サービスの開始に当たって、昌男は社員の意識改革に心血を注いだ。個人向けサービスへの転換は、各ドライバーが顧客対応の第一線に立つことを意味する。昌男は、１９３１年に創業者の康臣が制定した「大和は我なり」という社訓の意味を詳しく説き、社員一人ひとりがヤマトの代表者という意識をもって自律的に行動するよう訴えた。以後、同社の主要な施策でこの考え方が具現化していき、「全員経営」体制は宅急便の推進力となった。

１９７９年、同社は大きな決断をする。一つは、最も古い得意先で最大の顧客でもあった三越との取引解消である。もう一つは、大口路線貨物からの完全撤退だ。経常損益は5億円近い赤字となったが、大口貨物から小口荷物への転換を完了した。自ら退路を断った同社は、以後、全社一丸となって宅急便事業に邁進《まいしん》していった。燃料店、米屋、酒屋、コンビニなどを集荷拠点として活用、全国各地に営業所を設けるなどした結果、１９８９年のサービスエリアは全国に拡大、人口比99・９％になった。

隅々まで行きわたるチャレンジ精神

宅急便の成功に、同業他社が追随した。そこで同社は競争力を高めるべく、中期計画「ダントツ３カ年計画」を１９８１年から３次にわたって推進した。この計画を遂行するなかで、スキー宅急便、ゴルフ宅急便、ブックサービス、クール宅急便、空港宅急便といった新サービスが次々に生まれた。１９８７年に米国ＵＰＳ社との業務提携により発売したＵＰＳ宅急便は、１９８９年にサービスエリアを１７５カ国まで拡大、東欧およびソ連（当時）を除く世界のほとんどの地域をカバーした。

時間対応の新サービスも生まれた。１９８５年、届け先が不在の場合は後で連絡・配達する「在宅時配達制度」を開始した。96年末からは年末年始も営業、年中無休体制となった。どのサービスも莫大な投資を要したが、昌男は、質の向上と確実にある需要を満たすことを優先した。

創業から100年以上がたった2020年1月、ヤマトグループは経営構造改革プラン「YAMATO NEXT100」を策定した。次の100年も同グループが持続的に成長していくため、経営基盤を強化する計画である。

ヤマト運輸は二つのイノベーションで社会に多くの付加価値をもたらした。第1のイノベーションは創業者の小倉康臣が始めた日本初の路線事業だ。小口の荷物を集荷・混載して輸送・配達するユニバーサル志向のサービスで、貸切輸送が一般的だった当時、これは画期的であった。

第2のイノベーションは宅急便である。第2次産業の延長線上にあると思われていた貨物輸送という業種を、生活関連サービス産業の中枢をなす「業態」に変え、社会に不可欠なインフラとして整備し、人々の生活を変えた。

ヤマト運輸の社史から読み取れるのは、イノベーションを起こすチャレンジ精神だ。これを支えているのは、創業者・康臣が制定した社訓「ヤマトは我なり」の考えであり、全社員が実践する「全員経営」である。


〈参照社史〉『ヤマト運輸70年史』(1991年)、『ヤマトグループ100年史』(2020年)

ヤマト運輸の歩み

１９１９年　大和運輸㈱創業
１９２９年　東京～横浜間において「定期便」開始
１９５７年　親子猫のマークを制定し、使用開始
１９７６年　関東地区において「宅急便」発売（１９７８年「宅急便」を商標登録）
１９７９年　１９７８年度の宅急便取扱個数が１０００万個達成
１９８２年　商号をヤマト運輸㈱と改称
１９８７年　クール宅急便発売（翌年全国展開）
１９９７年　宅急便の全国ネットワーク完成
１９９８年　「時間帯お届けサービス」開始
２００５年　純粋持株会社への移行に伴いヤマトホールディングス㈱に名称変更
２００７年　「クロネコメンバーズ」開始
２０１５年　「宅急便コンパクト」「ネコポス」発売
２０１８年　宅配便ロッカー「ＰＵＤＯステーション」からの発送サービス開始

マツダ

独自製品に挑み続ける広島の雄

CASE 26

自動車メーカー、マツダのルーツは広島県の代表的な地場産業だったコルクづくりである。事業が難局を迎えるなか、逆境に負けない心が独創的な一台を生んだ。

苦難の末にたどり着いたクルマの世界

1920年、広島市に創立された東洋コルク工業——これがマツダの前身である。経営難に陥った個人事業者を救済するために、地元の銀行の頭取が社長を兼務することになり法人化したのである。しかし、半年も経たないうちに経済情勢が悪化してコルクの価格は暴落、翌年、東洋コルク工業の役員たちは取締役の松田重次郎を第2代社長に選んだ。

松田は軍需工場や造船所などに勤めた後、松田製作所（現・OKK）を創設、渦巻ポンプの発明や年間400万個の信管製造など、機械工業の分野で優れた実績をもつ専門家だった。

コルクは専門外だったが、高付加価値製品の開発や機械化による大量生産で経営改善に努めた。もっとも、コルクの主な用途は製氷・冷蔵設備用の断熱絶縁体で、需要の季節変動が激しく安定性を欠いていたから、松田の経営手腕も焼石に水だった。火災で工場の70％を焼失、金融恐慌も勃発という苦難にも見舞われた。

１９２７年、松田はコルクづくりに限界を感じ、社名を東洋工業に変更して機械工業へ事業転換した。自身の専門分野への回帰であった。まず、日本製鋼所などの下請けとして、その後海軍から直接兵器などを受注したが、自社で生産計画を立てられず、ロットも小さかったことから、安定成長にはつながらなかった。

「企業は独自の製品をもつべき」と考えていた松田は、既存の設備や技術を活用できる独自の量産品を模索した結果、自動車工業への進出を決めた。三輪トラックの開発である。当時の経済情勢や道路事情、燃料事情などから「馬車や荷車に代わって、貨物の運搬手段として広く急速に普及する」と判断したのだ。同社にとって未知の市場への進出を目指す商品であったから、松田は強力な販売網をもつ三菱商事と一手販売契約を締結した。

１９３１年、同社は三輪トラック「マツダＤＡ型」の生産を開始した。商品名は「松田」とデフレンシャル装置付きを意味する「Ｄ」、形式を表す「Ａ」を組み合わせたもの。ゾロアスター教義に光の神アウラ・マツダ（Ahura Mazda）が暗黒の神アーリマンを征服して現世を光明、真実清純の世に導いたという神話が述べられているが、「マツダ」はこの光の神の名にちなんで名付けた。「小型自動車界の光明たらん」の意味が込められており、現在の社名のスペル（Mazda）にも反映されている。

技術の先に見出した独自のポジション

同社は毎年改良型を製作して三輪トラック業界のトップメーカーの地位を確立し、小型四輪自動車の開発に着手した。しかし、第2次世界大戦中は陸軍からの命令で小銃と軍需工場で使う工作機械を生産することになり、四輪自動車計画の実現は戦後に持ち越された。

1945年8月、広島への原爆投下によって生産活動は完全に停止したが、同年12月にはいち早く三輪トラックの生産を再開した。極度の資材・エネルギー不足と闘いながらも安価・軽便・堅牢さを貫き続け、1947年には年間2430台の生産実績を残し、業界首位に立った。

1950年、業界初の1トン積み「CT型三輪トラック」を発売し、三輪トラックの大型化に先鞭《せんべん》をつけた。その後、小型四輪トラックの開発に取り組み、1958年に「ロンパー」を、翌年には水冷エンジンを採用した「D1100」と「D1500」を発売した。

1960年代半ば、貿易自由化と国民所得倍増計画に刺激されて乗用車需要は拡大、モータリゼーションが本格化した。同社も1960年、軽乗用車「R360クーペ」を発売、さらに1963年に「ファミリアバン」、翌年に「ファミリアセダン」を相次いで発売、1970年にはファミリアシリーズの生産台数累計が100万台を突破した。ファミリアとはイタリア語で「家族」の意味である。家族そろってドライブを、という期待が車名に込められている。

乗用車市場の拡大を追い風に成長するなか、同社は画期的な技術革新で誕生したロータリーエンジンにも着目し、1961年、西ドイツのNSU社およびバンケル社とロータリーエンジンの技術導入に関する契約を交わした。開発に6年の歳月と巨額の資金を投入して、1967年、ロータリーエンジン搭載車「コスモスポーツ」を発売した。驚異的な高速・加速性能とともに、低速時においても極めて柔軟な性能を備えたロータリーエンジン車は急速に普及、販売台数は発売から6年で累計50万台を超えた。

広島から挑み続ける

輸出台数も1960年代後半から急増した。1967年にオーストラリア、翌年にカナダに販売会社を設立、1968年には欧州向けに乗用車の輸出を、1969年にはロータリーエンジン車の輸出を本格化した。さらに、1970年に米国・ワシントン州に販売拠点を設立すると、対米輸出を開始、海外販売網の拡充に積極的に取り組んだ。

1974年、米国の環境保護庁が「ロータリーエンジンは一般的なレシプロエンジンより50％余計にガソリンを食う」と発表すると、極度の売れ行き不振になり経営危機に陥った。だが、住友銀行がテコ入れに本腰を入れたことから、同社は短期間で危機を脱却した。販売会社へ余剰人員を振り向け、工場の人員削減を推し進めるなどの合理化に加え、新型車のヒットが大きく寄与したのである。特に1978年に発売した「サバンナRX－7」や「ボンゴマルチバン」、前輪駆動方式を採用して1980年に発売した5代目「ファミリア」などが好評を得た。

1984年に、マツダに社名変更してからまもなく40年。同社はカーライフを通じて人々に人生の輝きを提供すべく、不屈のチャレンジ精神でクルマの本質を追求し続けている。

〈参照社史〉『東洋工業株式会社三十年史』（1950年）、『東洋工業四十年史』（1960年）、『東洋工業五十年史沿革編1920－1970』（1972年）

マツダの歩み

１９２０年　東洋コルク工業㈱として創立
１９２１年　松田重次郎が社長に就任
１９２７年　東洋工業㈱に社名を変更
１９３１年　三輪トラック「マツダＤＡ型」の生産を開始
１９５８年　小型四輪トラック「ロンパー」を発売
１９６０年　軽乗用車「Ｒ３６０クーペ」を発売
１９６１年　西ドイツのＮＳＵ社、バンケル社とロータリーエンジンの技術提携
１９６３年　「ファミリアバン」を発売
１９６７年　同社初のロータリーエンジン搭載車「コスモスポーツ」を発売
１９７８年　ロータリーエンジン車生産累計１００万台達成
１９７９年　米国のフォード社と資本提携（２０１５年に解消）
１９８４年　マツダ㈱に社名変更
２０１７年　トヨタ自動車㈱と業務資本提携

CASE 27

サンスター

外側から磨いたオーラルケア

口腔《こうくう》の内側を清潔に保つオーラルケア製品で知られるサンスター。もともとは自転車用ゴムのりを入れるチューブ容器を製造していた。サンスターの創業者・金田邦夫は、自転車部品業界で磨きあげた〝外側〟の技術を武器に、歯磨業界に乗り込んだ。

自転車部品から歯磨へ

サンスターの起源は１９３２年、金田邦夫が大阪市で開業した自転車用部品やパンク修理用ゴムのりの製造販売を行う「金田兄弟商会」である。邦夫が奉公に出た先や勤めた商店が自転車卸商だったことが自転車との出合いだった。開業当初の業績は芳しくなかったのだが、当時頻発したパンクの修理に欠かせなかった自転車用ゴムのりに着目、一斗（18リットル）缶入りの業務用のりを一般家庭でも使えるように小型のチューブ容器に詰め替えて販売、さらにゴムのりの製造も手がけて活路を開いた。

１９４１年、同業他社とともに帝国合同護謨工業を設立し、ここに自転車用ゴムのりの容器を納入する形をとったが、終戦直後から缶入りが出回って売れなくなった。こうした折、自転車卸売業者で化粧品の販売も行っていた星光社の久渡忠俊《くどただとし》がチューブ入り煉《ねり》歯磨製造の話を持ち込んだ。歯磨は生活の必需品である。ゴムのり用の需要が減って困っていた邦夫は、チューブ容器の製造技術を生かせると、この事業への参画を即断した。

しかし、問題は中身、煉歯磨をどうつくるかである。文献をあさって処方や製法を学んだが、製造技術が伴わなければ品質の良い製品はつくれない。久渡と相談し、化粧品製造会社である桃谷順天館の技術開発担当者を招いて試作に乗り出し、１９４６年4月、チューブ入り煉歯磨「サンスター歯磨第1号」が誕生した。煉歯磨の量産を目指し、製造設備拡充への努力を続けるなかで、久渡は爽やかな味覚のする独特の処方を考案、これがサンスター歯磨スタート時の成功の一因ともなった。

「サンスター」とは、朝に磨き（サン＝太陽）、夜に磨く（スター＝星）ことで、口腔衛生を徹底させる意味を込めた合成語だ。

歯磨業界のトップへ

1948年、物資統制令により、チューブの主な原料である錫《すず》は、薬用目的以外では利用できなくなった。「ならば」と、邦夫は塩野義製薬と販売契約を結ぶ一方、薬用歯磨の開発に全力を注ぎ、収斂《しゅうれん》剤のタンニン酸、殺菌剤のニトロフランを配合した「歯齦《しぎん》（歯肉）塗擦剤サンスターシオノギ」を完成させた。

当時、広告媒体は新聞しかなかった。販売を担当した塩野義製薬は、白黒で印象強く表現でき、清涼感、親しみやすさ、家族的で夢のある雰囲気といった要素を考慮して、ペンギンをキャラクターにした。広告表現の新鮮さと卓抜さ、製品の優れた品質が相まって、新製品は人気を集めた。

1950年以降は、口腔衛生分野全般を手がけるようになった。1952年、社名をサンスター歯磨に変更、サンスター歯刷子《はぶらし》を設立して歯ブラシも販売するようになって歯磨専業路線を歩み始めた同社は、葉緑素を配合した「グリーンサンスター」を発売した。歯磨の色は白かピンクが常識だった当時、中身を緑色にすることは大冒険であったが、殺菌や口臭除去という薬用効果と、緑の歯磨という独創性が消費者にアピールして、奇跡的な売り上げを示した。

経済が高度成長期へと差しかかるなか、国民の消費感覚も変化し、歯磨も従来の粉・半煉から煉歯磨へと人気が移った。1949年には6%にすぎなかったサンスター歯磨のシェアは、5年後の1954年には38%と業界トップになり、1958年以降は50%前後を維持した。

事業を拡大し、世界へ

1969年、邦夫の長男・博夫が2代目社長に就任した。塩野義製薬との提携を解消し、生産、販売を一元化した同社は、近代的な工場建設、流通網の整備と強化、活発な宣伝活動を進めた。1988年には米国のジョン・オー・バトラー社を買収し、オーラルケア分野における世界進出の基盤をつくった。

これに前後して博夫は、事業の多角化も進めた。その一つが化粧品分野である。1966年には米国のアルバート・カルバー社と合弁会社を設立し、ヘアスプレーや男性用トニックなどの頭髪化粧品について技術提携を結んだ。1978年には高級フレグランス(香水類)メーカー、米国のジョーバン社と製造販売の提携を結んだ。1980年にはスイスのラ・プレリー社と高級基礎化粧品の技術提携を行うなど、海外の有名ブランドの商品を取り扱い、幅広い年齢層から愛用された。事業多角化の進展に伴い、1980年には社名をサンスターに改めた。

「健康産業を標榜《ひょうぼう》する以上、歯磨関連の予防分野だけでなく、治療分野にも進出すべきではないか。商品のすべてについて生命科学にもとづいた基礎的な研究が必要である」との考えから、１９７８年、基礎研究所を設立し、歯周疾患の治療薬「リゾチパスタサンスター」を商品化、初めて医薬品分野へ進出した。その後も、英国のビーチャム社との技術提携から生まれたストライプ薬用歯磨の「アクアフレッシュ」を皮切りに、歯周病予防商品「G・U・Mホームデンティストシリーズ」や、世界初の歯周炎治療薬「ペリオクリン歯科用軟膏《なんこう》」、歯周病原菌検査薬「ペリオチェック」を相次いで発売した。一方、１９５４年に設立されたサンスター技研は、時代のニーズと変化に対応しながら高分子化学の技術へと進化し、合成接着剤、シーリング材など化学品事業分野へ拡大、また、自転車用ギヤークランクはモーターサイクル用スプロケット・ブレーキディスクなど金属事業分野へ発展した。

自転車部品からスタートしたサンスター。歯磨の外側から新たな需要を見つけた同社は今、オーラルケア、健康・美容、ケミカル、モーターサイクルの四つの事業分野で快走を続けている。

〈参照社史〉『サンスター40年の軌跡』（１９８５年）

サンスターの歩み

１９３２年　金田邦夫が個人経営の金田兄弟商会を設立
１９４１年　帝国合同護謨工業㈲設立、自転車用・履物用ゴムのりの製造を開始
１９４６年　金田金属工業㈱設立、煉歯磨の製造に乗り出す
１９４８年　塩野義製薬㈱と販売提携
１９５０年　サンスター㈱設立（52年にサンスター歯磨㈱に社名変更）
１９５２年　サンスター歯刷子㈱設立
１９６８年　塩入歯磨き「ＳＡＬＴ」、男性用シャンプー「サンスタートニック」発売
１９７８年　基礎研究所を設立
１９８０年　サンスター㈱に社名変更
１９８８年　米国のジョン・オー・バトラー社を買収
１９８９年　歯周病菌と闘う「Ｇ・Ｕ・Ｍ」シリーズ発売
１９９０年　世界初の歯周炎治療薬「ペリオクリン歯科用軟膏」を発売
１９９１年　世界初の歯周病原菌検査薬「ペリオチェック」を発売

CASE 28

大和ハウス工業

住宅の未来を築く

鉄骨プレハブの大手メーカー、大和ハウス工業。創業者の石橋信夫が鉄パイプで建物をつくるという着想を得たのは、植物からだった。

自然に学ぶ

第2次世界大戦後のわが国は、深刻な住宅不足に悩まされていた。そのうえ、台風が襲来すると多大な被害や死傷者が出ていた。家業の吉野中央木材で取締役を務めていた石原は、火や災害に弱い木造建築に代わるものを模索しながら郷土の山々を歩いていたとき、稲や竹を見て天啓を得た。傾いてはいるが折れてはいない。稲の茎も竹もなかは空洞で丸い。自然の風雨に耐えている強さは〝パイプ構造〟にあることに気づいた石原は、鉄パイプで家をつくろうと考えた。鉄パイプは耐久性に富み、解体や組み立てに手間暇がかからないだけでなく、資材として使用できるまでに何十年もかかる木材に対して、工場での生産が可能で、需要に応じてどんどん供給できる。

部品を工場で生産し、現場で組み立てる仮設建物「パイプハウス」を考案した石原は、1955年、大和ハウス工業を創業した。社名に出身地である奈良県の「大和《やまと》」を冠し、読みは「大いなる和」という意味をもたせるため「ダイワ」、「工業」には「建築の工業化」を目指すという思いをこめた。

だが、「売る」のは「つくる」より難しい。思案していた石橋に〝人間の体を日本列島に見立てる〟販売戦略案がひらめいた。体中にある動脈は日本中に駅や関連部署がある国鉄（日本国有鉄道、現・JR）、目は電力会社、耳や口は電電公社（日本電信電話公社、現・NTT）と郵政省（現・総務省／日本郵政グループ）、手足は国有林を管理する営林署がある農林省（現・農林水産省）と多くの工事事務所や事業所がある建設省（現・国土交通省）である。

まず国鉄本社に行ったが「社員十数人の会社に仕様書を出せるか」と誰も相手にしてくれない。石原は怒りにまかせて「国鉄だって祖先は資本金もない、かご担ぎじゃないですか。うちは資本金300万円のれっきとした会社です。大小とか人数とか言っているから国鉄は少しも前進しない」とまくし立てた。翌朝再訪してみると、石原の気迫に打たれた局長が待っていて、国鉄のどこにでも納入可能となるよう手配してくれた。次は営林署だ。1600軒の木造造林小屋をパイプハウスに建て替えてもらうべく交渉。農林省が木材資源の合理化をうたっていたから話はスムーズに進んだ。電電公社には国鉄と同様「飛脚が祖先でしょう」だ。こうした石原の体当たり戦法が奏功し、各社や各省から注文を獲得した。

スピーディーな住宅建築

巨大な販路を開いた石原は、全国をくまなく回って、パイプハウスの効用を説き、トップセールスを続けた。パーツ（鉄パイプ）を買ってもらい、建築現場が決まると組立費用をもらって組み立てるという販売方式は、従来の請負契約の常識を破る画期的な方法だった。

創業以降の10年間、同社は驚異的な伸びを見せた。その要因はパイプハウスの組み立てや解体時における優秀性もあった。従来のパイプ同士の結合は構造が複雑で組み立てや解体が困難だったが、同社ではスパナが1個あれば簡単にできるようにボルトとナットだけで結合する構造にした。

パイプハウスからスタートした同社は、建築技術に独自の改良を重ね、プレハブ住宅建設へと発展していく。1959年秋に発売した「ミゼットハウス」は、3坪の土地に3時間で建てられる簡便さと低価格が受けて、子どもの勉強部屋や書斎、隠居部屋などとして爆発的な人気を呼び、プレハブ住宅の原点となった。

同年暮れ、鋼管構造の倉庫建築を受注していた顧客から「100日の工期を半分で」と要請された。「倍額なら」という条件を、切羽詰まった相手は了承。石橋が新聞広告で通常の3倍の賃金で工員を募集すると200名が応募、倉庫は50日で完成した。「スピードは最大のサービス」を体現した出来事だった。

多方面から生活を支える

富士製鐵の社長（当時）・永野重雄から「人間が座るのに座布団が必要なように、家にも座布団が要る。だから、土地の開発をやらないといけない」とはっぱをかけられた石橋は、1961年、わが国初の本格的民間デベロッパーの大和団地を設立した。宅地を開発してそこに住宅を建てて、売る。「つくる」と「売る」が複合化して次々に新しい事業として展開するという意義があった。

1962年、大和団地は同社の第1号となる団地「羽曳野ネオポリス」を住友銀行と開発した住宅ローン「住宅サービスプラン」付きで発売した。これは、住宅の売買契約をして、顧客が頭金に相当する資金を13カ月間定期預金した後、住友銀行が融資を行って、大和団地は物件を引き渡すというものである。顧客は値上がりする前に土地を入手でき、支払いはその後。購入者がいち早く決定するので、大和団地は土地の受注生産（造成）が可能で、コストも安くできた。もしもの時に生命保険で完済できるよう、団体生命保険も加えた。

１９７８年の住宅統計調査によると、総世帯数は３２８３万、これに対して住宅は３５４５万戸あり、空き家は２６８万戸。住宅充足時代になり、量から質への方向転換が必要となった大和ハウス工業は、企画提案型住宅「チムニー（煙突）のある家」、主要構造部に鉄骨と軽量気泡コンクリート板を用いた耐火構造の住宅「ダイワリベルテ」など、高品質の住宅を次々と打ち出していった。また、マンションや商業・物流施設の建設でも高品質の商品を次々に開発した。

「日本に残された唯一最大の資源は観光」という石橋の信念に基づき、１９７８年に「能登ロイヤルホテル」を開業したのを手始めに、リゾート事業を全国展開した。その後もより広く新しい分野への脱皮を目指した大和ハウス工業は、現在、グループで住宅や商業施設の建築のほか、商業施設の運営や都市開発、環境エネルギー事業、クレジットカード事業など、総合生活産業としてさまざまな事業を展開している。石橋の不撓不屈の精神はずっと受け継がれて、同社のＤＮＡとなっている。


〈参照社史〉『大和ハウス工業二十年史』（１９７５年）、「大和ハウス工業の30年」（１９８５年）、『大和ハウス工業の60年』（２０１６年）

大和ハウス工業の歩み

1955年	大阪市に大和ハウス工業㈱設立。仮設建物「パイプハウス」を発売
1959年	プレハブ住宅の原点「ミゼットハウス」を発売
1960年	大阪府堺市に初の本格的工場（堺工場）開設
1961年	本格的民間デベロッパーの大和団地㈱を設立
1962年	「ダイワロッジ」発売。事務所、倉庫、移動教室に採用
	大規模団地「羽曳野ネオポリス」を建設
1965年	わが国初のプレハブ住宅専門工場（奈良工場）を開設
1969年	単独で初の大規模開発「緑が丘ネオポリス」販売開始
1970年	住宅設計、積算、工場発注システムなどにコンピュータを本格導入
1976年	遊休土地利用構想による流通店舗事業を展開
1977年	マンション事業へ進出
1982年	対話型自動設計システム（CADNET）導入（業界初）

第5章

新戦略誕生
分社化・機械化・ユニット化・多角化

三井物産
グンゼ
日建設計
マキタ
YKK
京セラ
ダスキン

三井物産

脈々と受け継がれる進取の精神

CASE 29

世界にはたくさんの専門商社があるが、総合商社は日本ならではの業態だ。三井物産は開業時から「必要なモノやコトを必要としている人々に届ける」という使命を果たすことで、総合商社の存在価値を磨き続けてきた。

商才の育成

明治新政府で大蔵大輔《おおくらたいふ》（次官）を務め経済立国を主張していた井上馨は、法治立国を主張した司法卿の江藤新平と対立、辞表をたたきつけて下野すると、1874年3月に「先収会社」を設立した。井上に見込まれて大蔵省造幣権頭となっていた益田孝も行動を共にし、副社長に就いた。益田が米の売買で商才を発揮し順調な業績をあげたが、井上の政界復帰に伴い、先収会社は解散した。しかし、益田の手腕に注目していた三井組の大番頭、三野村利左衛門が働きかけ、1876年7月、先収会社での事業を継承して、三井物産会社を設立した。初代の社長には27歳の益田が就いた。これが三井物産の始まりである。益田に経営を任せる代わりに無資本でのスタートだった。

益田は府立商法講習所（一橋大学の前身）の卒業生をどんどん採用し、洋式簿記や電信略号の暗号帳を導入するなどして、事務を近代化した。また、政府が集めた内外の商況や売れ行き見込みなど、物価商況情報を伝達するため『中外物価新報』（現・日本経済新聞）を社内で創刊したり、横浜正金銀行が設立されるまでの間、海外荷為替業務を行ったりした。こうした進取の気風を反映して開業から半年間に取扱高54万5000円、純益約8000円をあげた。

1877年、ロンドンに代理店と上海支店、翌年、パリ支店と香港出張所、79年にニューヨーク支店を開設、同社は総合商社の原点・形態を整えつつ、成長していった。

益田は社員の養成にも力を入れた。合理的な考え方、科学的な分析による判断、能率的な業務管理に努めさせながら、自由闊達で広い視野をもつ新しい社風をつくった。一方、理論倒れやエリート意識を許さず、社員には第一線のこまごまとした仕事にも当たらせた。海外に派遣すると、外国人相手に堂々と商売をさせ、年功や学歴にとらわれない能力主義で登用制度を実行した。

創業期の企業の成長に関与

第１次世界大戦終結後、日本は大戦景気の反動恐慌に突入した。不況で業績が停滞すると、同社は海運業に進出した。わが国では蒸気機関船ばかりだった当時、大型ディーゼル船の新造を続けて各地に配船を増やし、自社だけでなく社外、さらに外国間の貨物輸送にまで手を広げ、10年間に６０００万円の収益をあげた。１９１７年に造船部をスタートさせると、１９２６年にデンマークのバーマイスター社からディーゼルエンジンの製造販売権を獲得、１９２９年にはドイツのエルツ博士が発明したラダー製造販売権も買収した。二つの先駆的な技術導入が決定打となり、造船部は地位を固めた。また、同社の船が世界各地に寄港するようになると、外国事情がわかるようになった。これは同社全体に有益であった。

同社は、創業間もない頃から企業の設立や組織づくりを支援した。例えば１８８２年、紡績業の将来性に着眼していた同社は、大阪紡績会社のために、英国のプラット社に当時最新の紡績機械を注文した。さらに１８８６年には、プラット社と代理店契約を締結して、国内の紡績会社各社にプラット社製の紡績機械を供給した。また、上海支店を拠点に行っていた中国綿に加え、ボンベイ出張所でインド綿の取引を開始、安くて豊富な原料を確保した。さらに、鐘淵紡績、朝日紡績といった関係会社の育成も行った。

豊田佐吉と豊田自動織機への支援は、会社の設立・経営の支援の代表格といえよう。佐吉が発明した動力織機技術の優秀さを認めると、同社は動力織機の一手販売契約を結び、資本金の全額を出資して井桁商会を設立、動力機械の製造販売に当たった。その後も1926年の豊田自動織機製作所（現・豊田自動織機）設立まで、経営・資金の両面で支援を続けた。

100年先の日本経済を見据えて

第2次世界大戦後の1947年7月、GHQ（連合国軍総司令部）は三井財閥の解体に続いて三井物産にも解散を命令した。社員たちは再興を目指し、数人ずつで零細な商事会社をつくり、旧・三井物産時代に身につけた国際感覚と貿易の専門知識を駆使して仕事に当たった。元社員たちはこれまで磨いてきた商才を各社で発揮し、買い集め・売り込み型の国際的な相場商品や鉱物資源の取り扱いを増やしていった。旧・三井物産の崩壊後に発足した会社は二百数十社に及んだが、そのなかで解散と同時に設立された第一物産が中核となって合併吸収を行い、1959年2月、旧・三井物産にほぼ匹敵する規模と内容を備えた新・三井物産が発足した。

当時の日本経済は、外では開放経済（貿易・為替の自由化）の始まり、内では高度成長経済の成熟と、重要な転換点にあった。また、「メーカーの多くは販売部門や海外スタッフをもっているから商社を必要としない」という「商社斜陽論」まで登場した。

これに対し、「開放経済は日本経済100年の大計のため」という考えがあった三井物産は、①情報機能の拡大、②営業活動の垂直統合、③鋭敏な時代センスと先取り精神による新しいマーケットの開拓、④金融機能の拡充と先行投資という四つの基本戦略の運用で、総合商社の存在価値を高めようと新事業の種をまき、育てていった。鉄鉱石やウラン、液化天然ガス（LNG）など資源の調達や、レジャー産業への参入はその一例である。

1960年代半ばには、船主と造船所との間に立ち、船荷の斡旋や為替リスクの負担、自らの船荷による船荷保証など、総合商社ならではの機能をフル活用して世界の造船・海運業のメッカともいうべき英国向け船舶輸出を開拓した。

2022年10月現在、同社は国内11カ所、海外63カ国・地域に128拠点の事業所を構える。世界を股に人とモノの潜在エネルギーを引き出し、常に新しい一歩を踏み出してきた三井物産の「挑戦と創造」はこれからも続く。

〈参照社史〉『三井物産小史』（1951年）、『挑戦と創造：三井物産一〇〇年のあゆみ』（1976年）

三井物産の歩み

1876年　三井物産会社設立（1909年株式会社に改組）
1918年　大正海上火災保険㈱設立
1920年　棉花《めんか》部を分離し、東洋棉花設立
1926年　東洋レーヨン㈱設立
1937年　造船部を分離し、玉造造船所（後の三井造船、現・三井E&S造船）設立
1942年　船舶部を分離し、三井船舶（後の大阪商船三井船舶、現・商船三井）設立
1947年　GHQより解散指令を受ける
第一物産㈱設立
1959年　第一物産を中心に三井物産大合同。現在の三井物産誕生
1965年　木下産商㈱を吸収合併、営業権譲受
1966年　米国三井物産設立
1988年　欧州三井物産設立
2007年　アジア・大洋州三井物産設立

CASE 30

グンゼ

新ビジネスをつなぐ一本の糸

1896年、京都府何鹿郡《いかるが》（現・綾部市）の蚕糸《さんし》業組合長、波多野鶴吉（38歳）が郡是製絲《ぐんぜせいし》株式會社を創業した。生糸をルーツとするグンゼの始まりである。

従業員を大切にする

社名の「郡是」は「蚕糸業の振興こそ何鹿郡の急務とすべき事業である」という「郡の方針」を意味する。波多野は何鹿郡の蚕糸業の体質改善と近代化による地域振興を目指した。創業時から株式会社の形態を採り、株主は郡内の養蚕家とした。製糸工場の女性従業員が悲惨な労働環境に置かれていた「女工哀史」の当時にあって、波多野は彼女らを「工女」と呼び大切にした。「善い人が良い糸をつくる」との信念のもと、彼女ら全員に寮生活をさせ、また、工場内に女学校を設立して、全生活を通しての人間教育に努めたのである。やがて品評会等で受賞、同社の製品は郡是糸として評価が高まり、利益もあがった。

第1次世界大戦が始まると、生糸の取引が皆無となるなど同社にも影響が及んだため、やむを得ず人員整理を決断したが、従業員から給料減額の申し出があり、危機を乗り越えた。創業から20年で資本金は20倍、工場の数は14倍、生糸の生産額は１００倍になった。

１９１５年からの11年間は、最大の輸出国、米国の経済発展に伴う旺盛な絹需要で蚕糸業黄金期となり、生糸輸出は量で2・6倍、金額で5・4倍に拡大した。同社は、全国各地の工場を買収して15工場増やし、急速に生産規模を拡大した。

昭和に入ると、経営は再び困難に直面した。米国の生糸消費量の3分の2を占めていた婦人用靴下の素材が、安いナイロンに取って代わられたのだ。１９３４年、同社はフルファッション（ＦＦ）絹靴下の製造を開始し、翌年には郡是繊維工業を設立して生糸事業を移した。第2次世界大戦中は蚕糸業も国の統制下に入った。１９４３年、同社は蚕糸部門を統制会社である日本蚕絲製造（日蚕）に移管するとともに、社名を郡是工業に変更、航空機部品や湿度計、旋回計、回転計などの特殊計器を生産する軍需企業に転換した。

品質でニーズに応える

戦後、日蚕に移管されていた製糸工場は返還されたが、国内養蚕業は停滞し合成繊維が登場するなど、経営環境は様変わりしていた。同社は祖業に代わる新たな目標を模索した。1952年にはFF靴下を絹製からナイロン製に転換して収益力を高めた。他方、1946年に生産を開始したメリヤス肌着については、後に工場長に就いた岩内菊治郎が採算を度外視して原糸から製品まで一貫生産体制によって最高の品質を目指した結果、「国民肌着」と称されるほどの大ヒット製品になった。

1967年2月、同社は社名をグンゼに改称した。この頃から同社は総合衣料企業への道を目指し、ファンデーション、ベビー衣料、パジャマ、ストッキング、ソックス、アウターウエアなどアパレル事業の製品ラインアップを拡大し、消費者の幅広いニーズに対応していったのである。さらに販売会社の統合や物流体制の拡充なども進め、販売力を強化していった。

時代に合った企業価値を追求する

繊維加工事業を拡大する一方、グローバル社会の到来を予見した同社は非繊維、非労働集約的、グローバル展開が可能、参入企業が少なく競争力を維持しやすい、といった要件を満たす事業分野に進出していった。

1962年、同社はプラスチック事業に進出した。まず、塩化ビニールフィルムの試作を始め、自社の婦人靴下の包装用フィルムを生産すると、翌年からはストッキングメーカーなど社外に販路を広げていった。その後もプラスチック事業は拡大を続け、フッ素樹脂加工・高機能樹脂加工といった新技術を開発すると、ＧＦチューブ、コイル加工チューブ、薄肉チューブなどのエンジニアリングプラスチックや、透明導電性フィルム、タッチパネル、アクセスビジョンなど電子機能材料を生み出した。これらはさまざまな用途に使用されている。

社名をグンゼとした１９６７年に進出した不動産事業では、戸建て住宅やマンションの販売、大規模住宅地の造成からスタートした。やがて生産拠点の集約や閉鎖に伴う工場跡地の活用にも乗り出すと、１９８５年に兵庫県尼崎市の旧・塚口工場跡に専門店、ライブステージ、飲食店、多目的ホールなどで構成される「つかしん」を、１９９３年には、群馬県の前橋工場跡地にショッピングセンター「前橋リリカ」をオープンした。これら遊休地の活用は、消費者の高齢化や健康志向の高まりを背景に、地域と連携して新しい価値を創造するライフクリエイト事業として成果をあげている。

１９６９年12月には機械事業部を設置し、メカトロニクスの分野にも進出した。この事業は１９８０年以降に大きく成長し、メリヤス編機、プラスチック関連機器などを社内外に向けて販売するようになった。

１９７０年代には緑化産業に参入し、ユニークな販売スタイルを生み出した。具体的には、買い手を訪問して見積もりする訪問営業方式、運送費込みの現場価格制度、シーズン・樹木の種類・樹木の規格ごとの標準販売価格の設定である。生産面でも、薄型根鉢養生工法（通常の根の厚さを3分の1に加工する技術）を確立して、屋内や屋上の緑化への道を開いた。

同社はさらに事業の多角化を進め、1980年代初期から手がけたバイオテクノロジー分野は、紅麹を用いた発酵食品の製造販売に結実、衣料以外の分野に繊維素材を広く使用する研究からは、縫合糸、縫合補強材、骨結合材料、人工皮膚、医療用ストッキングといったメディカル材料が生まれた。

一方、創業時からの主力であった製糸業は徐々に事業規模を縮小、1987年には生糸の生産から撤退した。

生糸からアパレル、そして非繊維の分野へと歩みを進めるグンゼ。同社の歴史は度重なる危機を多角化で克服する場面の連続であったが、120年以上の間、受け継がれてきたものもある。それは「人間尊重」「優良品の生産」「共存共栄」という創業時の精神、いわばグンゼのDNAである。

〈参照社史〉『グンゼ100年史：1896－1996』（1998年）

グンゼの歩み

１８９６年　波多野鶴吉が郡是製絲㈱を創業
１９１７年　郡是女学校設置
１９３４年　フルファッション靴下の生産開始
１９４６年　メリヤス肌着の生産開始
１９５２年　ナイロン製フルファッション靴下の生産開始
１９５６年　合織加工事業開始
１９６２年　プラスチック事業開始
１９６７年　社名をグンゼ㈱に変更
１９６８年　パンティストッキング生産開始
１９７３年　緑化事業開始（現・グンゼグリーン㈱）
１９８５年　電子部品事業開始
１９８７年　蚕糸事業から撤退
１９９６年　創業１００周年を記念してグンゼ博物苑をオープン

日建設計

組織の力で価値ある建築を

CASE 31

1900年の創業以来、時代の要請に応える建築を生み出してきた日建設計。当初は26人の小所帯だったが、120年以上経った今、グループ全体で約3000人の従業員が働く日本最大の設計事務所になった。

度重なる合併と独立で最適な組織を模索

日建設計の源は、住友本店の建設のために創設された住友本店臨時建築部である。初代技師長には31歳の工学博士・野口孫市が就任した。しかし、本店の建設は創設から21年も後のことで、野口が最初に着手したのは大阪図書館（現・大阪府立中之島図書館）と住友家須磨別邸である。大阪図書館は「智慧の殿堂」にふさわしく、古代神殿にも似た端正な姿と気品を備えている。須磨別邸は重厚さを秘めた瀟洒《しょうしゃ》な迎賓館的邸宅だ。この二つの建築の様式は、同じ人物が同じ時期に設計したとは思えないほど大きく異なっていた。

野口孫市は１９１５年に46歳の短い生涯を閉じたが、彼に続く設計トリオが日高胖《ゆたか》、長谷部鋭吉、竹腰健造である。

住友本店臨時建築部は１９１１年に住友本店営繕課、１９２１年に住友合資会社工作部となった。１９３３年には長谷部と竹腰が長谷部竹腰建築事務所を創業した。一方、住友本店は１９１９年に臨時土木課を設けて、大阪築港第一号繋船桟橋の築造に着手した。この工事への参加は、大阪北港株式会社の設立につながり、日建設計の土木部門発祥の端緒となった。

１９４４年11月、大阪北港は、国の「企業整備令」に従って、住友内の別企業であった長谷部竹腰建築事務所と合併、住友土地工務と改称した。この合体は、第2次世界大戦後、二つの活力を生んだ。後に住友商事となる「商事部門」と、後の日建設計工務に「土木部門」が生まれたことだ。

１９４５年、住友土地工務は日本建設産業と社名変更し、商事部門を創設した。商事部門は顕著な進展をみせたが、建築部門は大組織のなかに置かれることになったために活動にかかる制約や負担が増えてしまった。そこで技術者中心の簡素な組織とする方が業務の実態にも敵うと考えて、１９５０年5月に独立、日建設計工務として新たにスタートした。

あらゆる建築をカバーする態勢

日建設計工務が手がけた建築は戦後日本の復興と成長を支えた。特に工場の建築は構造設計技術の重要なルーツとなった。高さ6メートルを超える製鉄所の転炉工場は極厚鋼板の溶接技術や大型部材の建方・接合技術などを考慮した構造設計が必要である。同社はノウハウを蓄積して建築の大型化や高層化に対応していった。

1953年、日建設計工務は大阪北港で築いた技術的な実績や人事を継承し、ボーリングや土質試験など一切を行う土質調査部門を設けた。自ら調査した確信のもてるデータを基礎に建物の構造設計を行う方式を確立したのだ。例えば、大規模な工場を設計するには、建築と土木を一体的に捉えられる態勢が必要だ。日建設計工務は土木部門があったからこそ製鉄工場の設計監理が可能となり、戦後の厳しい時代を生き延びることができた。

日建設計工務では、若く才能ある従業員をバックアップし、大きく変化する社会のなかで活躍できる機会を積極的に与えた。そこに現れたのが薬袋公明《みないきみあき》と林昌二である。薬袋のグループは大阪を拠点として、新時代にふさわしい数々の建築を生み出した。広島県庁舎は当時を代表する県庁舎の一つとなった。香川県高松市の百十四銀行本店は、都市景観形成への積極的な提案、そして人々に愛され街に生きる銀行の姿を表現している。林のグループは東京を舞台に、銀座の三愛ドリームセンター、パレスサイドビル、ポーラ五反田ビルなどを生み出し、当時の建築界に影響を与えた。

五つの特徴

1970年7月、同社は社名を日建設計とし、現在に至る。改めてその社史を振り返ってみると、五つの特徴が浮かび上がってくる。第1はプロフェッショナル・コーポレーションであること。同社は個人の技能ではなく、組織の力を重視している。従業員の緊密なコミュニケーションが、ほかの追随を許さない品質を生み出している。

第2は、社内株主制度である。日建設計工務の時代以来、株式保有者を社内に限定し、社外株主や外部資本に左右されない自主独立を経営の基礎としてきた。設計には、委託者の益になること、建築が社会のなかに存在する以上社会の益になること、という倫理がある。特定の株主が自己の利益のために設計事務所を所有すれば、委託者の思いや建築の社会性が軽視されかねない。同社では設立時から、設計事務所のあるべき組織の姿を堅持してきたのである。

第3は、土木部門を有していることである。同社に土木部門がなかったら多様性という力を欠いた設計事務所になっていただろう。

第4は、巨大であることだ。2022年4月現在の従業員数は2285人(グループ全体では2987人)。設計事務所としてはマンモス組織である。

そして第5は、企業的性格が強いこと。経営陣には建築家としてのセンスに加え、経営者マインドをもつことも求められている。他方、同社の若い従業員は自由に、各自がやりたい作風を追求することを許されている。経営陣は設計事務所のあり方を真剣に考え、若い従業員は自我を主張する。同社の歴史、そして人材の厚みが可能にした独特の経営といえるだろう。

同社が設計を手がけた建築はオフィスビル、工場、自治体の庁舎や文化センター、博物館、図書館、体育館、スポーツクラブ、ホテル、大学、病院、百貨店、空港やターミナルビル、下水処理場、団地、社宅などとあらゆる分野にわたり、わたしたちの生活にも密着している。これからも、変わり続ける時代や環境に必要な価値を具現化していくだろう。

〈参照社史〉『北浜五丁目十三番地まで:日建設計の系譜』(1991年)、『北浜五丁目十三番地から:日建設計の100年』(1999年)、『日建設計115年の生命誌』(2015年)

日建設計の歩み

1900年	大阪市北区に住友本店臨時建築部発足
1904年	大阪図書館（現・大阪府立中之島図書館）竣工
1911年	住友本店営繕課に改組
1919年	大阪北港㈱設立
1921年	住友総本店が改組された住友㈾の工作部に
1933年	住友本店の建築設計部門から分離独立、㈱長谷部竹腰建築事務所を設立
1944年	㈱長谷部竹腰建築事務所、住友土地工務㈱に吸収・統合
1945年	日本建設産業㈱に社名変更
1950年	日本建設産業㈱から独立、日建設計工務㈱設立
1951年	建築士法による一級建築士事務所の開設を届出
1964年	設計事務所としては初めてのコンピュータ導入
1970年	㈱日建設計に社名変更。ロゴマークとカンパニーカラー制定
2006年	㈱日建設計総合研究所設立

CASE 32

マキタ

工具で世界をつくる

電動工具メーカー・マキタは、時代の移り変わりに対して柔軟に事業内容を変化させて適応してきた。その結果、町工場からグローバル企業へ変貌を遂げた。

修理から製造へ

マキタの歴史は、電気事業に将来性を感じた牧田茂三郎が1915年、21歳で愛知県名古屋市中区に牧田電機製作所を創業し、モータ、変圧器などの修理を開始したことに始まる。技術力が評判になって、受注は日を追って増加、創業4年目に新工場を建設すると、高性能な小型モータを独自に開発して、町の修理業者からメーカーへ変わった。当初の顧客は紡績業が中心だったが、1923年の関東大震災後、復興を急ぐ京浜地方から柱や板類の注文が殺到していた名古屋の製材業者から製材用モータの注文が相次ぎ、一層の販路拡大や業績向上につながった。1931年には、モータの「割賦販売」が新たな販売戦略として大ヒットする。当時「町工場ではモータは借りるもの」だったが、払い終わればモータを所有できたからだ。

1938年12月、資本金18万円の株式会社牧田電機製作所に改組、翌年、本社を名古屋市港区へ移転、紡織機械、工作機械、木工製材機械などに使用されるモータの生産に力を入れたが、1945年3月、空襲で工場を全焼したので、疎開を兼ねて、本社を愛知県安城市（現在の本社所在地）へ移転した。

第2次世界大戦後は苦しい経営状態が続いたが、1950年に朝鮮戦争が勃発すると、にわかに活況を呈した。中部地方に紡績会社が多数誕生して繊維産業の中心地になると、同社には紡績用特殊モータや特殊スイッチの注文が相次いだ。

しかし、特需景気は長くは続かず、また、機械メーカー同士の安売り競争、大手メーカーの量産による廉価販売などで、同社は深刻な危機を迎えた。

創業時のメンバーであり、1955年に社長に就任した後藤十次郎は、長年染みついた借金経営のムードを打破するため「売り上げの5％を貯金」することを課して財務体制の立て直しを図り、8年後には無借金経営となった。

モータから工具へ

1957年、後藤は三重県伊勢市の老舗木工機械メーカーの菊川鉄工所から「造船業界や楽器メーカーでは、米国製の電気プレナー（携帯用の電気カンナ）が目違い払い（木材同士を組み合わせたときにできる小さな段差を削る作業）に使われている」と聞いた。大阪まで足を延ばして実物を見たが、昔ながらの手カンナが1丁500円だった当時、8万5000円もした。しかし、使い勝手が良く、素人でもプロ並みの加工ができる。そこでその製品を参考に電気カンナの開発に着手、1957年、国産第1号の携帯用電気カンナを完成させた。毎分2万6000回転する2枚の刃で削るため、木材の硬度を問わず、逆目でもきれいに削れる。家庭用の電源を使用できる点も大きな特色だった。

とはいえ、日当500～1000円の大工職人に数万円の機械工具は高すぎる。1958年1月に思い切って2万9800円で発売すると、全国から注文が殺到した。同年8月には「難儀な溝切り作業も電動化できないか」との声に応えて携帯用電気ミゾキリも発売。共に同社の主力製品となった。1958年度の売上高は対前年度比で2倍以上の3億3903万円、しかもその85％が発売されたばかりの電動工具だった。

1960年、後藤は創業以来45年間にわたるモータ事業から撤退して〝電動工具の専門メーカー〟を宣言、1962年には社名をマキタ電機製作所に変更した。同社は電気マルノコや電気ドリル、自動カンナ、バンドソーなど可搬式製品を次々と開発、1960年に3機種だった製品は1970年には100機種に拡大した。愛知県岡崎市に工場を新設して量産体制を確立、高成長、高収益を続けた同社は、名実共に木工電動工具の日本トップメーカーとなった。

日本も世界も

同社が初めて輸出した電動工具は、1959年に商社経由でオーストラリアに輸出した小型電気カンナだった。その後、東南アジアや欧州、米国と順調に輸出先を拡大した。1970年からは電動工具の本場である米国を皮切りに、各国に現地法人を設立して、海外展開を強化した結果、1984年度、同社の輸出比率（対売上高）は67％、海外での直営販売サービス網は12カ国69カ所に達し、「世界のマキタ」へと飛躍した。輸出が大きく伸びた要因は、社員が現地に根を下ろしてアフターサービスに力を入れ、各国に即したきめ細かい営業戦略が効果を発揮したことだ。

しかし、急激な販売拡大は現地との摩擦を生み、日本の半導体メーカーを標的にした日米貿易摩擦が起こると、そのあおりを受けて、電動工具も報復関税（関税率100％）の対象となった。この貿易摩擦を機に、現地生産の強化、電動工具以外の新事業分野の確立が重要な課題と捉えた同社は、１９８４年に同社初の本格的な現地生産子会社を米国に設立した。その後、欧州各国、東南アジア地域にも相次いで設立して、輸出企業からグローバル企業への道を歩んだ。一方、わが国では１９７３年頃から住宅ブームが到来、同社はクリーナや草刈機、生垣バリカンなど家庭用や園芸用機器の開発にも積極的に取り組み、多様なユーザー層への浸透を図った。

１９８９年、中興の祖である後藤十次郎の孫、後藤昌彦が社長となった。新社長は２０００年を目途に売上高の2・3倍増、企業単体ではなく、もっとグローバルな視点による海外現地生産の強化、電動工具以外の事業拡大による多角化、独自製品の開発など住宅関連機器の総合サプライヤーを目指す長期ビジョンを掲げた。新たなステージに向けて、シンボルマークや社名ロゴを一新し、１９９１年には社名もマキタに改称した。

海外生産を積極的に拡大した同社は、現在47カ国に55の現地法人を数え、生産の８割以上を海外生産が占める。マキタは現在も世界中の人々の暮らしと住まいづくりに役立つ製品とサービスを探求し続けている。

〈参照社史〉『マキタ１００年の歩み』（２０１５年）

マキタの歩み

1915年　牧田茂三郎が牧田電機製作所を創業
1938年　㈱牧田電機製作所に法人成り
1945年　愛知県安城市住吉町の現本社工場所在地に移転
1955年　後藤十次郎が社長に就任
1958年　国産初の携帯用電気カンナを発売
1959年　電動工具の輸出を開始
1962年　商号を㈱マキタ電機製作所に変更
1970年　同社初の海外現地法人を米国に設立
　　　　愛知県岡崎市に工場を新設
1978年　国産初の本格的な電池工具となる電池ドリル発売
1984年　現地生産子会社を米国に設立（翌年生産開始）
1991年　商号を㈱マキタに変更
1992年　総合研究所・情報システムセンター完成

CASE 33

YKK

ファスナーの価値を極める

ＹＫＫはファスナーの世界トップシェアを誇る企業である。製品の材料はもとより、生産のための機械も自社でつくるという創業者の吉田忠雄の方針を貫き続け、世界中にその名を知られるようになった。

富山からの再出発

１９３４年１月、吉田は勤め先の店主から在庫のファスナーと商標を引き継ぎ、26歳でファスナーの加工・販売を行うサンエス商会を東京で立ち上げた。創業間もない頃、大量注文をさばくため、下請け業者に製造を任せたところ、多数の不良品が出てしまった。当時の日本製ファスナーは品質が良くなかったのである。吉田は「良い製品は自分の力でつくるべきだ」と強く思うようになった。

吉田がつくるファスナーは、務歯《むし》（スライダーが上下に動くことで噛み合ったり離れたりする部分）に上質な綿テープや丈夫なスライダーを組み合わせたもので、他社の製品に比べて価格は約3倍と高額だったが、このファスナーを付けた衣服やバッグは高級品に格付けされると評判になり、大量の注文が入るようになった。

１９３６年からは、オーストラリアやメキシコ、インドへの輸出を開始、１９３８年には東京に工場を新設して社名を吉田工業所に変更した。

第2次世界大戦中は軍需工場に指定され、安定した経営が続いた。しかし、１９４５年の東京大空襲で工場を焼失、やむなく吉田は故郷の富山県魚津町（現・魚津市）に疎開した。そこで魚津鉄工所を買収し、吉田工業株式会社に改組・改称して再起を図った。吉田（Ｙ）工業（Ｋ）株式会社（Ｋ）の頭文字「ＹＫＫ」の刻印があるファスナーをリュックサックに詰め、従業員全員で全国を行脚し、販路開拓に努めた。その結果、１９４７年には東京に国内販売の拠点、東京営業所を開設することができた。

自前を追求

同社は戦後復興のなかで3回にわたる5カ年計画を実施した。なかでも、１９４９年からの第1次5カ年計画における製造工程の機械化は、同社が世界のトップメーカーになる起点となった。

まず、原料の伸銅品（銅や銅の合金の加工品）を大阪から取り寄せていたのをやめ、製品の品質向上・安定化・増産と原料からの一貫生産を目指して、魚津に伸銅工場を建設した。さらに1950年、大量生産のために米国から中古の高速自動植付機（チェーンマシン）を4台輸入した。生産性は4倍に向上したが、高額の機械を輸入し続けるのは限界がある。そこで、日本のメーカーに対して性能に遜色ない機械の製造を依頼、1台当たりのコストを米国製の25分の1にして100台を導入した。

1949年にスタートした第1次5カ年計画ではファスナーの月産300万本、年商8億円を目標に掲げ、合計468台の機械を整備した。1951年に月産1000万本を突破して生産量日本一の座を獲得すると、1953年には5000万本を突破した。売上高は1954年度に目標を超える9億7000万円となった。

事業の急伸は量だけではない。品質面も強化し、あらゆる長さに応えられる生産体制を構築し、カラーバリエーションも20種類そろえた。スライダーについても、自由に動かせる自由型、引手の爪で動きを止められる爪止型、自然に開くのを防ぐ肩止型などを取り扱った。引手も一般的な短冊型のほか、ネクタイ型や鎖型なども用意するなど、あらゆる面で独自の工夫を施した。

1954年から始まった第2次5カ年計画では、オートメーションによる能率向上と一貫生産体制を実現するための工場を富山県黒部市に建設した。

1957年からの第3次5カ年計画では完璧な製品を作るため、細部にいたるまで目を配り、紡績工場を建設し、務歯を縫い付ける糸も自社で生産するようにした。さらにチェーンマシンも自社製に転換したことで、同社は完全一貫生産体制を確立したのである。

多角化で高成長を達成

同社にある建材部門と工機部門は、ファスナーの完全一貫生産体制を追求した結果、副産物として生まれた事業である。1950年に勃発した朝鮮戦争の影響で銅の価格が高騰すると、同社は安価で軽量なアルミニウムを主原料とする合金を原料にできないか検討するようになった。アルミニウムにマグネシウムを混ぜた合金の加工技術を習得すべく、国内の大学やメーカーと共同研究を行った。新素材の生産体制を整えると、ファスナーの材料として必要な量を賄って余りあるアルミニウム合金の生産能力が備わった。

木製の建具生産地としても名高い富山県に工場があった同社は、将来、日本でも建材が木や紙から金属に転換すると確信して、1960年に建材部門を発足した。主にビル向けの建材を販売していた先発企業との差別化を図るため、同社は木造住宅向けアルミサッシの製造販売に注力した。１９６６年に発売した「ハイサッシ」は急速に市場へ浸透し、同社はアルミサッシのトップメーカーとなった。建材部門の勢いは目覚ましく、売り上げは１９７２年度にファスナー部門を超え、１９９２年2月、ＹＫＫアーキテクチュラルプロダクツ株式会社（略称・ＹＫＫ ＡＰ）となって、同社の中心部門となった。

ファスナーと建材の生産が増えると、完全一貫生産体制を支える工作機械の重要性が増していった。１９６２年、黒部に工機の製造工場を建設すると、機械の高度化・大型化・量産化を進め、新技術も生み出して同社の基盤を支えた。１９６０年代後半には縦フライス盤やマシニングセンターなどをＮＣ（数値制御）化、１９７０年代半ばには機械のＮＣ化率が２割を超え、同社は国内有数のＮＣ機械配備工場となった。

１９９４年、同社は広く知られているブランド名に統一するため、社名を「ＹＫＫ」に変更した。２０２２年3月末現在、グループ会社を72カ国・地域に１０６社（国内18社、海外88社）構え、連結売上高は７９７０億円に上る。日本が世界に誇るグローバル企業である。

〈参照社史〉『ＹＫＫ五十年史』（１９８４年）、『ＹＫＫ８０年史：挑戦の軌跡―そして未来へ』（２０１４年）

YKKの歩み

1934年　東京でサンエス商会を創業、スライドファスナーの加工・販売を開始
1938年　吉田工業所に改称
1945年　富山県魚津町に疎開。㈱魚津鉄工所を買収。吉田工業㈱に社名変更
1946年　商標を「YKK」とする
1949年　第1次5カ年計画スタート
1951年　本社を魚津市から東京都中央区の東京営業所に移す
1957年　吉田商事㈱（現・YKK AP㈱）を本社内に設立
1959年　インドに初の海外工場を建設
1961年　アルミ建材の生産販売を開始
1962年　工作機械をつくる専用工場を建設
1966年　住宅用アルミサッシ「ハイサッシ」発売
1990年　YKKアーキテクチュラルプロダクツ㈱（略称、YKK AP）発足
1994年　吉田工業㈱からYKK㈱に社名変更

CASE 34

京セラ

セラミックスで世界を広げる

京セラは半導体や自動車などに用いる部品の生産や、ネットワーク関連サービスなど多岐にわたる事業を展開している。その原点は、粘土や石灰石など非金属・無機材料を高温処理したセラミックスの開発だ。セラミックスは硬く、耐熱性、耐食性、電気絶縁性などに優れている。創業者の稲盛和夫は、高純度に精製した原料で製造した「ファインセラミックス」で市場に打って出た。

あらゆる分野にファインセラミックスを

稲盛は大学卒業後、京都の送電用碍子メーカーの老舗・松風工業株式会社に入社したが、ファインセラミックスに新しい時代の材料としていち早く着目、3年7カ月で同社を辞め、1959年、京都市中京区西ノ京原町に、京都セラミックを設立した。社長は出資者の一人、宮木男也、陣容は稲盛とともに松風工業から移った者など28名。社名は外国人にも知られている地名とセラミックを組み合わせた。最初に取り組んだのは、ファインセラミックス製のU字ケルシマの製品化・量産化だった。U字ケルシマは急速に市場規模を拡大しつつあったブラウン管テレビの絶縁部品である。主要家電メーカーに製品を提供して、創業1年目から黒字決算だった。

１９６６年、34歳で第3代社長に就任した稲盛は同郷の西郷隆盛の遺訓「敬天愛人」を社是に「全従業員の物心両面の幸福を追求すると同時に、人類、社会の進歩発展に貢献すること」を経営理念に定め、設備計画の推進と生産増強なども打ち出し、さらなる市場拡大に乗り出した。同社は、同年にＩＢＭから、１９６９年に日立製作所から大型コンピュータ用の集積回路を保護するセラミックパッケージを受注すると、信用力・知名度を国内外で一挙に高めた。

製品の多くは電気絶縁性を活かしたものだったが、同社は鉄より軽く、表面が滑らかなファインセラミックスは「あらゆる分野に応用できる素材として無限の可能性がある」という信念のもと、１９７０年代以降、さまざまな新規需要開拓に乗り出した。機械分野ではドリルや旋削チップなどの切削工具、日用品分野ではボールペンのペン先用ボールやはさみ、包丁などと事業領域を拡大していった。医療分野にも参入し、人工歯根を完成して歯科用インプラントメーカーとしての地位を確立した。さらに、股関節、頭蓋骨、脊椎、大腿骨などの人工骨を開発して大きな成果をあげた。

創業当初は世間に名前さえも十分に知られていなかったファインセラミックスは、同社による技術の深化と応用によって、社会のあらゆる場面に浸透するまでに飛躍を遂げたのである。

多角化を支えたM＆A

同社は景気に左右されない強い企業体質づくりを目指し、さらなる事業の多角化を打ち出した。それを推進したのが、さまざまな業種の企業をグループに取り込んだことである。どれも経営が傾き、支援を要請してきたのに応えたものだった。

１９７９年、電子機器メーカーのトライデント、通信機器メーカーのサイバネット工業がグループに加わり、後の情報機器事業、通信機器事業の技術的ベースとなった。１９８２年には、サイバネット工業など4社を吸収合併して京セラに社名を変更した。１９８３年には、カメラメーカーのヤシカを吸収合併して光学機器分野へ参入、セラミック技術と光学・精密技術を融合させた一眼レフカメラを発売し、ヒットさせた。

通信自由化をリード

１９８４年、電気通信事業法が成立し、明治以来１００年余りの日本の電気通信事業史上初めて、通信事業の自由化が実現することとなった。その流れに呼応したのが稲盛であった。以前から稲盛は「日本の通信料金は非常に高い。その根本的原因は、規制に守られた官営の１社独占体制にある。独占体制に風穴が空けば、必然的に料金も下がるに違いない」と思っていたからである。

しかし、電気通信事業はそれまでの多角化に比べてとてつもなく巨大で未知の分野である。しかも、初期投資には少なくとも京セラの年間売上高の半分近い資金を要する。失敗すれば、会社存亡の危機だ。にもかかわらず、稲盛は強い使命感にもとづき、巨大なＮＴＴに戦いを挑んだのだった。

新法が成立した年、同社はウシオ電機、セコム、ソニー、三菱商事等24社を集め、第二電電企画を設立した。翌１９８５年、法律の施行と同時に第二電電（ＤＤＩ）に改称し、ただちに第一種電気通信事業の事業許可を申請した。

自由化に伴う新規参入はＤＤＩのほかに2社あった。どちらの側にも日本のトップ企業・団体が名を連ね、ＤＤＩよりも桁違いに大きい。ＤＤＩには強力な後ろ盾も通信事業の経験も技術的な蓄積も人も不足していた。代理店もゼロからつくらなければならない。

大企業向けの専用サービスで努力しても勝ち目がないと判断した稲盛は、市場がより大きく一般個人も多く利用する市外電話サービスへ全力をあげる戦略に切り替えた。通信ルートを独自に開拓し、長距離用の大型交換機は、国産より安く、2・5倍の能力がある米国製を採用した。

新規参入3社のなかでは一番不利との予想が強かったDDIであったが、早々とキャンペーンを展開し、熾烈《しれつ》な競争を行った結果、45万回線を獲得して新規参入の3社中、売上高も利益もトップに立った。1988年からは専用・市外電話の両サービスを開始、1992年には全国で安いDDI回線を使えるようにした。

同社は、日本の通信自由化を牽引するとともに、それに伴って勃興してきた通信機器産業のリーディングカンパニーとして通信関連事業を展開し、通信料金の低価格化や機器の普及、多様なネットワークサービスの提供などを実現した。それは「世の中を良くしたい」という稲盛の利他の精神に貫かれた思いと、それに応えて全身全霊をかけて仕事に打ち込んだ従業員たちの努力のたまものだった。


〈参照社史〉『果てしない未来への挑戦：京セラ 心の経営40年』(2000年)

京セラの歩み

1959年　ファインセラミックスの専業メーカーとして京都セラミック㈱を設立
1963年　滋賀工場を竣工
1968年　米国・ロサンゼルスに駐在員事務所を開設
1972年　京都市山科区に本社を建設、移転
1979年　サイバネット工業㈱に資本参加し、電子機器事業に参入
1982年　社名を京セラ㈱に変更
1983年　カメラメーカー㈱ヤシカを吸収合併
1984年　「京都賞」顕彰事業などを行う稲盛財団を設立
　　　　24社と第二電電企画㈱を設立
1985年　第二電電企画㈱が社名を第二電電㈱（DDI）に変更
1998年　京都市伏見区に本社を移転
2000年　第二電電㈱、KDD㈱、日本移動通信㈱が合併、㈱ディーディーアイ（現・KDDI㈱）が発足

CASE 35

ダスキン

フランチャイズビジネスの先駆け

清掃用品のレンタルやハウスクリーニング、飲食店など幅広い分野でフランチャイズビジネスを展開しているダスキン。創業者の鈴木清一《せいいち》は「祈りの経営」を経営理念に掲げる。

画期的な清掃ビジネス

鈴木は、1944年にワックスメーカーを、1958年にビル清掃の会社を創業し、両社の社長を務めていた。1961年に訪米した鈴木は、米国の知人がやっていたダストコントロール事業に興味をもった。ダストコントロールとは、ホコリの吸着剤を浸み込ませた「ダストクロス」(雑巾を表す英語)で床を拭う清掃方法である。その雑巾を会社や学校に貸し出し、汚れたら回収し、洗って再度貸し出すという事業をフランチャイズ展開していた。雑巾を再利用するところに惹《ひ》かれた鈴木は、吸着剤を4分の1缶(250ドル分)買って帰国した。

鈴木は、持ち帰った吸着剤や掃除用具を見本にダストクロスの自社生産を目指した。吸着剤に関する資料もデータもなかったが、日本油脂出身の社員が持っていた基礎的な知識を頼りに、鉱物油の量と2種の界面活性剤の割合、撹拌中の温度など、研究とテストを重ね、ようやく完成したのは研究開始から5カ月後だった。営業も課題だった。当時の日本でレンタルといえばアパート賃貸や貸衣装くらいだったから、ダストクロスのレンタル方式はまったく見当がつかず、大いに困惑した。

1963年、大阪府にサニクリーンを設立、当時の日本にはなかったフランチャイズビジネスでダストコントロール事業を開始した。ダストクロスはほうきやちりとりを使う清掃と違ってホコリが立たないし、道具も一つとシンプルなので、作業を簡略化できる。そのため、清掃にかかる人件費が3割節約できる同事業は波紋を呼んだ。

1964年5月、社名をダスキンに改め、ダストクロスの商品名も「ダスキン」とした。これは英語の「Dustcloth」の「ダス」と、雑巾の「キン」の合成語である。

同年6月、畳を傷めないで拭ける化学雑巾「ホームダスキン」を完成した。家庭に貸し出し、2週間ごとに交換するシステムでテストしてみると、1カ月足らずで200件の契約を獲得した。10月に全国展開を開始すると、全国津々浦々の家庭に浸透していった。掃除用具のレンタル事業をフランチャイズシステムにより全国展開し、画期的な流通組織を確立した同社は、

1969年8月、日本企業で初めて国際フランチャイズ協会への入会を認められた。

飲食業界への進出を決意

1966年、鈴木はミスタードーナツなどを米国の優良フランチャイズビジネスとして紹介している書籍『フランチャイズ・チェーン』を読んだことをきっかけに、事例として取り上げられている企業から、直接フランチャイズビジネスを学びたいという気持ちを強く抱いた。1968年、鈴木はミスタードーナツ・オブ・アメリカ（MDA）社の本社を訪問して、フランチャイズビジネスのノウハウを学んだ。

1969年、MDA社の創業者であるハリー・ウィノカーから、日本に進出したいと、鈴木に事業提携の申し入れがあった。鈴木にその気はまったくなかったが「それほど言うなら、日本のドーナツを食べに来たらどうか」と、日本にウィノカーを招待した。当時の日本のドーナツは家庭で簡単につくれる子供のおやつだった。ウィノカーが試食すると、「これはドーナツじゃない。ドーナツとはフライドケーキのことをいうのだ」と言った。

鈴木と生産部長が米国に出向き、ドーナツを食べてみると確かにおいしい。店も明るく、雰囲気がとても良い。「こういう店なら、日本にも欲しい」と、提携交渉に入った。条件は42万5000ドル（当時の為替レートである1ドル360円で換算すると1億5300万円）の契約金で日本のフランチャイズ権を譲るというものであった。資本金８０００万円の同社には高額である。しかし、ダストコントロール事業を守るためにも、新事業開発は不可欠であり、急成長を遂げている本場米国のフランチャイズビジネスを学ぼうと決断し、１９７０年にＭＤＡ社と事業提携した。

理念の浸透が何よりの武器

まったく畑違いの事業に取り組むことになって、プロジェクトチームを発足したが、全員がフードビジネスについての知識も経験も皆無。そこで、日本の風土に合った事業の創造、多店舗展開を図るための独自のシステムの開発などを目的とした「事業の5カ年計画」を策定した。原材料の調達では「一品一社制」を導入した。これは、一流の仕入先から高品質な原材料の提供を受ける代わりに、その原材料については他社から一切購入しないというもの。また、仕入先から各店舗に原材料を直接供給するシステムを構築した。

１９７１年、日本に初めて本格的なドーナツが登場した。大阪府箕面市にオープンしたミスタードーナツの日本第1号店は、開店1時間で４０００個を売り尽くす大旋風を巻き起こした。

同社はその後もベーカリーやとんかつレストランなどさまざまな飲食事業を展開、また、家事代行や害虫獣駆除などにも取り組むなどサービスの幅を広げ、業容を拡大していった。

日本におけるフランチャイズビジネスの象徴ともいえる企業、ダスキン。創業者の鈴木は「道（社会に向き合う姿勢）と経済（会社としての成長）の合一」を願うという「祈りの経営」を経営理念に掲げた。これは社会の役に立ちながら、会社の持続的な成長を目指すということである。

２０２２年３月時点で、ダストコントロール事業の顧客は６万３０００人、ミスタードーナツの店舗は９８７店、連結売上高は約１６３２億円に上る。同社のフランチャイズビジネスには、社員や加盟店が鈴木の経営理念に共感・賛同し、同じ想いで社会や顧客にサービスを提供していくという特徴がある。これが創業時から変わらないダスキングループの強みだろう。


〈参照社史〉『祈りの経営：ダスキンの30年』（１９９４年）

ダスキンの歩み

1963年　大阪府に㈱サニクリーンを設立
1964年　㈱ダスキンに社名変更、フランチャイズ組織本格化
化学ぞうきん「ホームダスキン」全国発売開始
1967年　モップ縫製工場開設
1969年　IFA（国際フランチャイズ協会）に日本初のメンバーとして入会
1970年　MDA社と事業提携
1971年　サービスマスター（掃除）事業を開始
ミスタードーナツの日本第1号店を大阪府箕面市に開店
1977年　害虫駆除等環境衛生管理事業（現・ターミニックス事業）を開始
1982年　米サービスマスター社と提携しヘルスケア事業に進出
1989年　家事代行事業を開始
1994年　台湾でのダストコントロール事業を開始
1999年　ケータリング事業（現・ドリンクサービス事業）を開始

第6章

独自技術を高める

島津製作所
大日本印刷
乃村工藝社
サカタのタネ
日本精工
巴コーポレーション
シマノ
テルモ
昭和丸筒
日本信号
マブチモーター
カシオ計算機
島精機製作所

島津製作所

科学で社会をリードする

CASE 36

島津製作所というと、2002年にノーベル化学賞を受賞した田中耕一氏を思い浮かべるかもしれない。世界屈指の研究者を輩出した同社の礎を築いたのは、〝二人の島津源蔵〟である。

科学の力を高める

明治時代初頭、京都は幕末の戦乱と東京への遷都によって深刻な衰退に直面していた。そのため行政は広範な勧業政策を推進、なかでも、現在の工業試験所の小型版というべき舎密《せいみ》局は殖産興業を推進する拠点となった。

当時、京都で仏具商を営んでいた初代・島津源蔵は舎密局に足しげく通って知識と技術を習得していった。そして1875年、「資源の乏しいわが国の進むべき道は科学立国である」

「理化学器械を通じて学校教育に貢献しよう」と決意し、理化学器械の製造を開始した。1877年には京都府の要請で軽気球を製作して有人飛揚を成功させた。また、同じ年に開催された第1回内国勧業博覧会では錫《すず》製ブーシー（医療具）を、4年後の第2回では蒸留器を出品、それぞれ表彰された。源蔵は理化学器械メーカーとしての存在感を着実に高めていった。

初代・源蔵の情熱と資質を受け継いだ長男の梅次郎は、1884年、目に見えないエレキを火花と音でとらえた「ウイムシャースト感応起電機」を完成させた。これは「島津の電気」と呼ばれ、その後数十年も理科教育用に珍重された器械であった。当時16歳の梅次郎は、英国で発明されたこの器械を挿絵だけ見て独力でつくり上げ、かつ、英国製よりも発電性能を高めたのである。

梅次郎は26歳のときに2代目・島津源蔵を襲名すると、電池の研究に闘志と情熱を注いだ。当時、通信、鉄道、電灯、電力などの事業に採用されていた大型電池は、すべて輸入に依存していた。動力源として蓄電池の重要性に着目した2代目・源蔵は文献をあさり、試作を重ねた。1897年に蓄電池の製造に成功すると、河原町工場を新設して生産を開始した。1917年には増える需要に対応するために蓄電池部門を分離、日本電池（現在のジーエス・ユアサコーポレーション）を設立した。同年、島津製作所も株式会社に改組、近代企業として脱皮を図った。

人体解剖模型、哺乳類・鳥類の標本、光学・電気計測器の製造、亜酸化鉛製造法や易反応性鉛粉製造法などを生み出した2代目・源蔵は1930年、昭和天皇から「十大発明家」の一人に選ばれ、生涯を通じての発明考案は、178件に及んだ。

時代の先を行く製品群

1925年、同社は人体模型製作技術を活用して日本で初めてマネキン人形の国産化を開始した。1923年の関東大震災を機に洋服の需要が急増し、洋服を展示するためのマネキンの輸入が増加していたことが背景にあった。最盛期には国内市場の85%以上を占めた。

1947年、同社はわが国で初めて電子顕微鏡を商品化した。さらに国力の回復に貢献するために省力機械、特に紡績機械の生産を計画した。1949年に完成したのが、高速自動糸巻機械である。巻き取りの速度は従来機の2倍以上で巻き上がり具合も優れていた。その後も管糸自動供給装置(1960年)、自動玉揚げ装置(1964年)などを開発していった。

省力機械と並行して、同社は「日本初」の製品を相次いで生み出した。気体や液体の化合物を分析する器具で化学工業の発展に寄与したガスクロマトグラフ(1956年)、固体金属試料の元素組成を測定し鉄鋼業を陰で支えた発光分光分析装置(1960年)、医療従事者のX

線被爆をなくす遠隔操作式Ｘ線テレビジョン装置（１９６１年）などである。これらの製品は、同社の主要製品となり、同社が大きく成長する原動力となった。

１９６０年代以降、公害問題に対する社会の関心が高まると、同社は分析測定機器のトップメーカーとして１９７１年に環境機器部を新設し、公害関連機器の受注拡大と新製品開発を促進させた。

あらゆる分野で不可欠な存在に

同社は１９７１年のニクソン・ショックに始まる不況、１９７３年10月の第１次石油危機で大きな影響を受けた。抜本的な事業刷新方策を推進したが、厳しい状況は続いた。１９７５年３月の創業１００周年は、戦後の混乱期を除けば初となる経常赤字で迎えた。全社挙げての努力が実ったのは、１９７８年以降である。１９８０年度の売上高は１０１６億６４００万円、経常利益は１０４億８１００万円と、目標を上回ることができた。

暗いトンネルを抜けると、新技術・新分野への施策を展開した。１９８５年、神奈川県に厚木工場を新設して光通信機器の製造を開始した。バイオの分野にも進出し、１９８７年にはバイオテクノロジーの研究を支援する高密度細胞培養装置を発売した。さらに同じ年に、乳酸発酵の研究を応用したカビ取り洗浄剤や植物活力剤など家庭用雑貨を製品化している。

１９９３年には、環境問題の観点から注目されていた乳酸系生分解性プラスチックを開発した。

医療用機器では、ＣＴスキャナー（１９７８年）、ＭＲＩシステム（１９８４年）、脳の機能情報を提供する画像診断装置・生体磁気計測装置（１９９４年）などを相次いで送り出して、総合精密機器メーカーとしての存在感を確かなものにしている。

島津製作所は理化学器械の製造を源流として、時代の要請に先立って数多くの製品を生み出してきた。どれも最先端技術の追求によるたまもので、国際的な評価も高い。これらは科学研究、医療、工場生産、公共サービスの現場・施策に欠くことのできない役割を担っているが、実は量産品はほとんどない。人の目にあまり触れないところで、同社は活躍しているのである。

二人の島津源蔵が掲げた科学立国の理想、そして理想を実現するという使命感に燃えた精神は、同社の企業活動の礎として脈々と引き継がれている。

〈参照社史〉『科学とともに百二十年：島津製作所の歩み』（１９９５年）

島津製作所の歩み

1875年　初代島津源蔵が京都で理化学器械製造を開始
1896年　X線写真の撮影に成功
1897年　蓄電池の製造に成功
1915年　光学測定器（読取り顕微鏡）の製造を開始
1917年　株式会社に改組、蓄電池事業を分離し日本電池㈱設立
1925年　マネキンの製作を開始
1930年　2代目島津源蔵が天皇からわが国十大発明家の一人に選ばれる
1936年　航空機器の製造を開始
1956年　ガスクロマトグラフの製造を開始
1980年　島津科学技術振興財団を設立
1991年　京都府にけいはんな研究所開設
1993年　乳酸系生分解性プラスチックを開発
2001年　ライフサイエンス研究所を京都・つくばに発足

大日本印刷

創業の精神を進化の糧に

CASE 37

大日本印刷は１４０年以上の歴史をもつ印刷会社である。事業分野は出版印刷にとどまらず、メディア企画やソリューションビジネスなど幅広い。年商１兆円を超える巨大企業の成長を支えるのは、連続する創業の精神だ。

最先端の活版印刷技術を広める

１８７６年10月、江戸時代末期の幕臣だった佐久間貞一《ていいち》、仏教学者・思想家の大内青巒《せいらん》、実業家の宏佛海《ひろしぶっかい》、儒者・実業家の保田久成《やすだひさなり》の４人が東京数寄屋河岸御門外弥左衛門町（現・銀座４丁目）で「秀英舎」を創業した。創業の精神は「文明ノ営業」。すなわち、活版印刷という最先端の技術を用いて知識や文化を広めたいという熱い思いであった。社名には、当時の大国、英国よりも秀でるとの期待を込めた。初代舎長は佐久間が務めた。当初は『開知新聞』などの新聞印刷が主体で、経営は苦しかったが、日本初の純国産活版洋装本となった『改正西国立志編』が大ベストセラーになると、経営は軌道に乗った。１８８８年に有限責任の会社組織に、１８９４年には株式会社に改組した。１８８１年に印刷と並行して、活字の自家鋳造にも乗り出し、１９１５年に完成した「秀英体」はわが国の代表的な活字である。

１９２３年の関東大震災で銀座の社屋が罹災すると、本店を新宿区市谷に移して製版作業を開始した。１９２０年代末期は廉価な円本（１冊１円の全集）と文庫本が続々と出版されてブームとなり、大量の注文をもたらした。１９３５年、姉妹会社の日清印刷を合併して大日本印刷（以下、ＤＮＰ）に改称したが、間もなく第２次世界大戦に突入、統制や印刷材料の高騰で厳しい経営を強いられた。

印刷技術の可能性を追求する

第２次世界大戦後、言論と思想の解放によって出版界は未曾有の活況を呈した。ＤＮＰは空襲で榎町と早稲田の工場を焼失したが、戦災を免れた主力の市谷工場の製造能力を増強して、殺到する注文に対応した。１９４６年、復興した榎町工場が大蔵省管理工場に指定され、紙幣や株券の印刷に進出した。１９５５年の『週刊新潮』を皮切りに週刊誌の創刊が相次ぐと、大量生産体制を確立し、週刊誌ブームを支えた。

1955年1月に社長に就任した北島織衛《おりえ》は経営の抜本的立て直しに取り組んだ。受注に頼る出版印刷だけでは下請産業の域から脱却できず、産業としての発展も自立もない——織衛は印刷技術を核とした多角化を推進し、印刷の対象・概念を広げ、製品の拡張を進めた。布地、包材、建材、鋼材、ビジネスフォーム、情報記録材・産業資材など多くの分野で印刷技術を応用した製品を開発、着実に業績を伸ばしていった。電機メーカーのカラーテレビ国産化実現のため、DNPはシャドウマスクを開発、その後、リードフレーム、厚膜IC用メタルマスクなどの開発・量産化も実現した。これらの精密電子部品は写真製版技術の応用によるもので、経営を支える大きな柱に成長した。

1960年代に入ると、DNPは電算化による品質の向上と印刷工程の合理化を推進した。代表的なものが、製版時の色修整や階調修正の自動化、文字組版の電算化を実現するCTS(Computerized Typesetting System)である。織衛の長男で専務の北島義俊(後に社長)は「将来、印刷における中心技術になる。ここで断念しては将来に禍根を残す」として総力を挙げてCTSを開発、印刷とコンピュータを融合し、今日の事業の根幹を築いた。

こうした新規事業分野を技術と設備面から支え、「飛躍的な生産量の増加を図るため、随時、機構改革を実施した。1961年には、各事業所の研究者を結集して中央研究所を設置、1963年には事業部制を導入した。次々に新しい事業が成長して業容が拡大すると、事業領域ごとに営業と生産を両輪とする事業体を編成して協力を密にしつつ、各事業体が技術の開発と利益の確保を追求する体制が最適になったからだ。1968年にはCDC（クリエイティブ・デザイン・センター）を設置するなど、企画部門を拡充して、事業の拡大を推進した。

1971年には技術および営業部門を中心とした大幅な機構改革を断行し、営業の概念、やり方も変えた。受け身に終始する経営から脱却すべく、主要都市に営業所を新設して全国布陣へ着手したのである。それまで広告代理店を通していた商業印刷物を直接得意先から受注して、収益向上を図り、商品の企画から印刷、販売促進イベントの企画運営まで一貫した受注体制を確立した。

多彩な事業ポートフォリオで新たな価値を

1992年、DNPは総合情報加工産業を発展させて、新たに情報メディアやコミュニケーション手段の変化に合わせた商品やサービスの提案・提供ができる「情報コミュニケーション産業」を目指すと明らかにした。これは、エレクトロニクス技術の驚異的進歩が〝情報〟のもつ社会的意義・役割を変え、コミュニケーションのあり方を大きく変化させたことに鑑み、狭義の〝印刷〟だけでなく、顧客により多くの選択肢を提供できるようにすべきという義俊の主張にもとづいている。DNPはIT社会の到来を事業拡大の好機ととらえ、インターネットやＩＰＳ（Information Processing Service）をはじめとするソリューション型の事業に力を入れた。

印刷技術の応用発展、すなわち「拡印刷」によって数多くの製品を生み、業態も当初の「印刷業」から「総合印刷業」「情報加工産業」「情報コミュニケーション産業」へと変貌を遂げたＤＮＰ。世界中の印刷会社で、印刷の幅や事業がこれほど多いのは他に類をみない。

２００１年、「ＤＮＰグループ21世紀ビジョン」を策定したＤＮＰは、その経営理念を「21世紀の知的に活性化された豊かで創発的な社会に貢献する」と定めた。これは、印刷技術と情報技術、さらにこれまで蓄積してきた知識や経験を融合させ、「Ｐ＆Ｉ（Printing and Information）ソリューション」を旗印に、新しい製品やサービスの開発を通じて社会の発展に貢献する「第三の創業」を目指すものである。

北島織衛による戦後の大改革、そしてその志を受け継ぎ、ＤＮＰを名実ともに世界一の情報産業に進化させた義俊——佐久間ら４人が創業時に掲げた「文明ノ営業」の精神はずっと受け継がれ、今も生きている。

〈参照社史〉『大日本印刷百三十年史』（２００７年）

大日本印刷の歩み

１８７６年　東京・銀座に秀英舎を創業
１８８１年　活字の自家鋳造を開始（１９１５年「秀英体」を完成）
１８８６年　新宿区市谷に第１工場を開設
１９２３年　関東大震災により、現所在地の市谷加賀町に移転
１９３５年　日清印刷㈱と合併、大日本印刷㈱に改称
１９５１年　「再建５カ年計画」を発表
　　　　　　ビニール、セロハン、布地などへの特殊印刷を開始
１９５８年　カラーテレビ用部材シャドウマスクの試作に成功、電子部品分野に進出
１９６８年　企画制作の専門組織、クリエイティブ・デザイン・センターを設置
１９７２年　電算写植システムを実用化
１９８５年　日本初のＣＤ－ＲＯＭ電子辞書『最新科学技術用語辞典』（三修社）を制作
１９９０年　剥離容易な全面圧着はがき「Ｓメール」を開発
１９９３年　非接触ＩＣカードを開発

乃村工藝社

空間造形で引き立つ魅力

CASE 38

1892年3月15日、足袋職人だった乃村泰資《たいすけ》は香川県高松市の芝居小屋「歓楽座」の大道具方に入った。少年の頃から芝居好きだった泰資の夢がかなった日。この日はディスプレイデザイン会社の乃村工藝社が出発した日でもある。

演出の力を追求する

泰資は高松を拠点に舞台装置の技術を身につけると、観客を魅了するさまざまな仕掛けを編み出していった。菊人形（菊の衣装をまとった等身大の人形で歌舞伎の場面などを再現）に出会った泰資は、東京・国技館で「十二段返し」という菊人形の舞台演出装置を披露した。舞台の下からのせり上げや天井からのつり下げ、廻り舞台などがあり、迫力やスピード感は当時の歌舞伎をはるかにしのいだという。江戸時代以来の見世物を大規模なショービジネスに昇華させ、大評判となった。

大正期以降は、百貨店の店頭装飾や博覧会の設営などに進出、ディスプレイ業へ助走を開始した。1942年、「日本軍事工藝株式会社」に改組、第2次世界大戦中には海軍省の指導を受けて、奈良のあやめ池遊園地での「航空博覧会」、東京の日比谷公園での「撃墜敵機B29展」など時局を反映したイベントにもかかわった。明確な目的、効果的な表現を強く意識し、観客に感動を与えることに徹した仕事によって、同社は期せずして企画から制作にいたるノウハウを獲得することができた。

1945年に商号を乃村工藝社に改称した同社は戦後は地方博覧会、貿易博覧会などへの参画と並行して、百貨店の店頭装飾や屋上遊園地づくり、新聞社や電鉄会社の展覧会などで存在感を発揮した。1950年には「パキスタン・カラチ国際貿易博」、翌1951年には西ドイツの「ハノーバー国際建設博覧会」と米国の「シアトル日本貿易観光博覧会」を相次いで受注、本格的な海外進出を果たした。この頃から同社は「展示美術」という営業種目を「ディスプレイ」と改め、デザインをベースにした総合ディスプレイ業へ向けて脱皮していった。

万博成功の立役者

1950年代半ば以降、同社が携わった博覧会や展示会は、工業製品あるいは科学技術そのものをテーマにしたものが目立ち、日本の復興を強く印象づけた。同時にこれまでの展示装飾が空間造形としてのディスプレイに脱皮する大きな契機となった。社会がディスプレイの可能性を認識するようになったのである。

また、同社が長くかかわってきた百貨店は商業施設であると同時に文化空間、レジャーランドへと進化を遂げていた。これまで装飾や催事で内装のノウハウを培ってきた結果、同社は全国各地の遊園地や大型レジャー施設、企業のショールームなどに事業領域を拡大した。1963年、同社は「乃村の存在意義はクライアントの事業繁栄を支援することにある」として、これを経営方針とした。ディスプレイがマーケティングや広報活動の要になると考えたのである。

1970年の日本万国博覧会（大阪万博）ではテーマ館、日本館、民間企業館、外国館など18のパビリオンを受注、その後も1975年の沖縄国際海洋博覧会、1985年の国際科学技術博覧会（つくば万博）、2005年の日本国際博覧会（愛・地球博）などで主要なパビリオンを数多く手がけた。

大阪万博では、同業者とのジョイントベンチャーや建設業界との共同作業、大型画面やマルチ画面による映像展示、流体制御によるロボット技術開発などを経験し、運営、技術両面で大きな転換を果たした。つくば万博では、エレクトロニクス技術を駆使した大型映像やマルチ画面、コンピュータ制御による映像表現などのノウハウを蓄積した。基本計画から施工まで一貫した博覧会の仕事は、同社に事業拡大と経営基盤の強化をもたらした。

全国各地の名所に

大阪万博以来、受け継いできた同社の技術開発の結晶の一つが、１９８４年に登場した有楽町セイコー・マリオン・クロックである。毎正時に時計の文字盤がせり上がり金色の小人が金管を演奏する大型のからくり時計は、新しいエンターテインメントとして注目されると同時に、からくり時計ブームの発端になっただけでなく、その技術はミュージアムの展示演出技術としても幅広く活かされている。

１９８０年代以降、同社は東京ガス環境エネルギー館ワンダーシップ、トヨタ博物館新館、サントリー山崎蒸溜所ウイスキー館など、企業が運営する博物館やＰＲ施設などを多く手がけてきた。新しい時代を象徴するこれら施設は展示内容の専門性が特徴である。魅力を余すことなく伝えるため、同社は体験型展示などさまざまな工夫を凝らし、企業の情報発信をサポートしている。

市町村が運営する博物館や文化施設でも、マルチメディアなど時代の先端技術を駆使して地域文化の発信に貢献している。完成度の高い展示は観光施設として十分な魅力をもつとともに、地域住民の啓蒙《けいもう》にも役立つ。同社はディスプレイの力を駆使して演出効果を高めるチャレンジを続けている。

2012年5月にオープンした東京スカイツリータウン®は、世界一の高さを誇る電波塔と300を超える店舗、水族館、プラネタリウム、オフィス棟などからなる一大複合商業施設である。同社は企画やデザイン、設計、施工、演出、プロモーション支援など、川上から川下まで多岐にわたる工程に計画段階から参画した。同社の創業120周年を記念する年に完了したこのプロジェクトは、乃村工藝社の歴史に大きな足跡を残した。

ディスプレイはもはや静的な演出技術ではなく「人に感動や喜びを提供する空間をつくり、活性化すること」だ。舞台で味わった乃村泰資の感動は、創業から130年経った今も色あせることなく、多くの人を魅了している。

〈参照社史〉『乃村工藝社120年史：時空を超えて：1892→2012』(2012年)

乃村工藝社の歩み

1892年　乃村泰資が高松の歓楽座の大道具方になる（乃村工藝社の創業）
1942年　株式会社に改組
1945年　㈱乃村工藝社に商号変更
1950年　業界に先駆け営業種目を「ディスプレイ」とする
1954年　「第1回全日本自動車ショー」（現・東京モーターショー）を受注
1970年　「日本万国博覧会」（大阪万博）で18館を受注
1972年　東京に本社機構（営業本部・開発本部・研究開発本部・管理本部）を設置
1975年　「沖縄国際海洋博覧会」でアメリカ館などの展示を受注
1984年　東京都江東区新木場に制作スタジオを新設
　　　　東京・有楽町マリオンに大型からくり時計を設置
1985年　「国際科学技術博覧会」（つくば万博）でテーマ館ほか主要パビリオンを受注
2005年　「日本国際博覧会」（愛・地球博）において政府館ほか主要パビリオンを受注
2008年　本社を前年に港区台場に竣工した新社屋に移転

CASE 39

サカタのタネ

花や野菜の優れた品種を世界に供給する

1913年、横浜で生まれたサカタのタネ。2022年現在、海外売上比率は約60%、グループの従業員約2600人の3分の2は外国人というグローバル企業である。

苗木から種子に

創業者、坂田武雄は帝国大学農科大学実科（現・東京農工大学農学部）を卒業後、政府の実業練習生として欧米で園芸を学び、1913年、24歳で横浜に坂田農園を設立して苗木の輸出入事業を始めた。しかし、苗木の輸出は箱詰めに手間がかかるうえに、船便で1カ月かけて送っても、病虫害のおそれがあれば検疫所で焼き捨てられてしまう。一方、輸入した苗木は高額で思うように売れなかった。そんななか、唯一救いになったのはユリの球根の輸出だった。当時、ユリの球根はわが国で絹織物に次ぐ輸出品で、年間4000万個もの球根が欧米に輸出されていた。坂田も創業の翌年からヤマユリやカノコユリの輸出を始め、これが最初の大きな商売になった。1927年に制定したユリを図案化した社章は、このことに由来する。

間もなく第1次世界大戦が勃発、苗木の輸出が困難となったため、1916年に種子業に転換、1920年には輸出用カタログを発行し、21年にはシカゴに支店を開設、1922年、坂田商会と改称した。

しかし、23年の関東大震災で社屋も種子も焼失し、倒産の危機に直面する。危機を救ったのは、森村財閥の一人で日本陶器や大倉陶園の創業者だった大倉和親《かずちか》の援助と、世界で最も権威あるオール・アメリカ・セレクションズ(AAS)で1934年に銀賞を獲得した「ビクトリアス ミックス」だった。「完全八重咲き」のペチュニアのF_1種子(両親の優れた形質を併せもつ雑種第一代目の種子)から生まれたこの品種は〝サカタマジック〟と賞賛されて、1ポンド(約454グラム)が1万656ドルと、当時同じ重さの金の20倍もの値がつき、欧米で売れに売れた。

新品種をつくり出し市場を豊かに

種子の品質の優劣はビジネスの勝敗を大きく左右する。見た目ではそれを判断できないため、種子の商売は信用が第一である。そのため同社は創業9年目の1921年に、民間初の発芽試験室を設けて品質の向上に力を注いだ。また、自社農場で優良品種の育成に取り組むべく、次々に試験場を開設した。１９３０年に開設した茅ヶ崎試験場は、４ヘクタールの畑に３２３４平方メートルの温室を付設した研究農場である。特にペチュニアの育種（新品種の作出）に力を入れ、同年から種子の輸出を手がけてきた。ここで生み出された品種が、ＡＡＳ受賞という栄誉を同社にもたらしたのだった。

　第2次世界大戦後の荒廃から立ち直る力の中心となったのも、やはり輸出用のペチュニアだった。花の消費量が急速に増えていた米国だけでなく、花壇用草花の需要が伸び始めていた欧州への輸出も旺盛だった。併せて同社は、日本全国の種苗店や園芸店に花卉《かき》種苗や園芸資材の卸カタログを送り、通信販売にも力を入れるようになった。内容が豊富で美しく、解説も正確で各地の農協や種苗店からは「教科書代わりに使える」と好評を博した。

　１９６０年には神奈川県藤沢市に、野菜の研究開発の主力試験場として長後《ちょうご》試験場（後に長後農場）を開設した。野菜は病虫害が多く、同じ土壌の圃場《ほじょう》でつくり続けると連作障害も起こりやすい。１９７１年には、耐病性のある品種の開発や育種工学の研究、野菜栽培の適応性試験などを行うため千葉県に君津育種場を開設し、野菜の育種研究の拡大を図った。

　そうした対策が功を奏し、同社のF_1野菜は次々にヒットした。例えば、ブロッコリーの「グリーンデューク」は、台湾の農家に委託生産した種子を全量、１９６９年から米国へ輸出した。品質が良く、収穫量も2倍以上になるこの品種はまたたく間に市場を席巻したことから、生産拠点を現地に移した。新品種の開発と採種技術の改善を続けた結果、同社のブロッコリーは現在、国内で7割超、世界で6割超のシェアを占めるまでになっている。

そのほか、日持ちが良く甘いトウモロコシ「ハニー バンタム」（1971年）、在来種の3倍の収穫量と農薬散布の必要がないホウレンソウ「アトラス」（1972年）など新品種を生み出し、農産物の市場をさらに大きく豊かなものに変えていった。また、1962年に発売した「プリンスメロン」は高級品だったメロンを一般にも手の届く身近なものにした。さらに「アンデスメロン」（1977年）、「アールスメロン」（1988年）と次々に作出して日本のメロンの常識を変えた同社は、平成初頭、国内のメロン種子市場の7割を独占した。

世界中でサカタのタネが芽吹く

創業時から海外に向けてビジネスを行ってきた同社。戦後の本格的な海外進出は、77年のサカタ・シード・アメリカの設立である。自社ブランドの種子の浸透を図るとともに、カリフォルニア、アリゾナ、フロリダの3州に研究農場を設置し、各地の大学や研究機関とも共同研究のパイプをつくるなど、米国市場の足固めを着々と進めた。

また、ワシントン、オレゴン、アイダホ、カリフォルニア、アリゾナなどの各州やメキシコにブロッコリーやホウレンソウの生産委託先を増やしたほか、ブロッコリーの採種法を確立して米国産種子の本格的な販売を開始した。日本国内向けホウレンソウの採種も軌道に乗り、品種数、生産・販売量が増えて、国内市場の占有率は5割を超えた。もっぱら冬野菜だったホウレンソウは、同社が夏季でも栽培可能な晩抽《ばんちゅう》性の品種を開発した結果、年中供給できる野菜になったのである。

今では国内外に33の関係会社をもち、１７０カ国以上で種子が利用されている。同社が国際化を進めた理由は、「適地適作」の考えに基づいて種子生産地を海外に求めたことや、研究開発は消費地の近くで行ったほうがよいと考えたことにある。そしてその成功の秘訣は、現地の人たちと対等につき合い、権限と責任を明確にしたことにあるだろう。

〈参照社史〉『サカタのタネ１００年のあゆみ：PASSION in Seed 事業編』（２０１３年）

サカタのタネの歩み

1913年　坂田武雄が横浜に坂田農園を設立、翌年朝日農園と改称
1914年　欧米向けにユリ球根の輸出を開始
1916年　苗木の輸出が難しくなり、種子の販売を開始
1921年　発芽試験室を設置。シカゴ支店を開設
1922年　匿名組合・坂田商会に改組
1930年　茅ケ崎試験場を開設、多種類にわたる研究開発をスタート
1934年　世界初の完全八重咲きF_1ペチュニア「ビクトリアス ミックス」が、オール・アメリカ・セレクションズで銀賞を受賞
1938年　「サカタのタネ」を商標登録
1942年　坂田商会を解散し、坂田種苗㈱を設立
1969年　ブロッコリー「グリーンデューク」の米国での販売開始
1977年　サカタ・シード・アメリカを設立
1986年　㈱サカタのタネに商号変更

日本精工

CASE 40

産業の明日を支える機械部品の要

軸受は、機械の回転部分に組み込まれた軸の円滑な運動に不可欠な円環型の機械部品であり、産業のコメとも呼ばれている。英語名はbearing（ベアリング）で、語源はbear（支える）である。１９１４年、山口武彦が創業した日本精工は、軸受一筋でわが国の産業を支えてきた。

重要性にいち早く着目

山口は東京職工学校（現・東京工業大学）機械科を卒業、農商務省特許局で機械の審査を担当していた。その後、欧米先進諸国を視察した際、日本の機械工業の遅れを実感するとともに、軸受の果たす役割の重要性に気づき、国産化を決意した。１９１４年に日本精工合資会社を立ち上げて試作に着手、専門知識や最適な原材料がないなかでの挑戦であったが、１９１６年には量産化にめどをつけ、日本初の軸受メーカーとなった。

顧客の第1号は、当時の日本で最高水準の技術力をもっていた海軍であった。同社は海軍の全面的な支援を受けて、各種軸受を製造した。1917年、日本初の国産トラックに部品を供給すると、自動車向け軸受の受注が急増した。その後、鉄道や鉄鋼、ポンプ、製材など、多岐にわたる産業に軸受を供給するようになった。

1945年8月の終戦により軍需は激減したが、自動車や鉄道の軸受から生産を再開した。同社はこれまでに培った技術とノウハウを最大限に活用して、民需産業への転換を図ったのである。石炭、鉄鋼、船舶、紡績などといった日本の産業の再建とともに、同社も復興を遂げた。軸受の用途が広がると、求められる品種・機能も増えていった。高度経済成長が始まった1950年代後半以降、重化学工業を中心に大規模な設備投資が行われ、設備の近代化・合理化が進んだ。この間の技術革新は著しく、軸受には厳しい使用条件が求められるようになった。同社はニーズの高度化に対応し、静音性、低振動、耐熱性、高速回転性などに優れた製品を次々と開発した。大量生産・大量消費社会を迎えるなか、耐久消費財の普及にも貢献、高度経済成長を支えたのである。

輸送機械の進化に貢献

この頃、同社は東海道新幹線の車両に用いる軸受の開発に参加することになった。世界初の時速200キロメートルを超える高速運転に耐えられる軸受の開発は困難の連続で、ほかのメーカーと協力しながら、5年余りの研究開発期間を経て車軸用軸受を完成させた。東京オリンピックに合わせて1964年10月に開業した東海道新幹線は、日本の軸受の技術力の高さを世界に知らしめることになった。なお、東海道新幹線の開通と並行して建設された、浜松町〜羽田空港間を結ぶ東京モノレールにも、同社が開発・製造を担当した軸受が使われている。

ここで空に目を転じると、同社は1962年から1971年にかけて飛行機のジェットエンジン用の軸受を相次いで開発・製造している。厳格で過酷な耐久試験が繰り返し行われるジェットエンジンの軸受には、最先端技術や高品質の鋼材が求められる。同社は顧客の要望に応え、高温で高速回転を支える軸受の製造技術やノウハウを蓄積していった。

本格的なモータリゼーションが到来した1960年代以降、同社の主要な事業となったのが、自動車である。小型・軽量、高荷重で低燃費化が可能なニードルベアリング（針状ころ軸受）や、ハンドルの操作（回転）を前輪に伝えるステアリングという部品の動作をスムーズにするボールねじなどを開発した。ボールねじはNC旋盤やマシニングセンターといった工作機械にも応用され、その高精度・高速化に役立っている。同社はボールねじの世界シェアナンバーワンを獲得、他産業の発展も支え、事業を多角化していった。

次世代の礎を築く

１９９０年代のバブル崩壊とアジア経済危機に直面した同社は二度の事業構造改革を実施した。「選択と集中」を推し進めるなか、大切に育ててきた技術の一つが、モーターを使って自動車のステアリング操作をアシストするシステム、電動パワーステアリング（ＥＰＳ）である。

同社が世界に先駆けてＥＰＳを実用化したのは、１９８６年のこと。フォークリフトメーカーからの「排気ガスを出さない、軽い力でハンドルを回したい」という要望がきっかけだった。油圧式のパワーステアリングが主流だった当時、マイナス55度の冷凍倉庫という過酷な環境に耐えられるＥＰＳをつくり上げた。１９８８年には乗用車向けにＥＰＳの技術を応用、軽自動車に採用された。ＥＰＳは省エネ性と、作動用の油を必要としない環境負荷の小ささから、同社の自動車事業の大きな柱として成長している。自動車の電動化や運転支援技術の開発が加速するなか、今後もさらなる進化が見込める分野である。

同社は１９４７年のアジア地域への輸出開始を皮切りに、積極的に海外に進出している。海外進出に当たっては、現地に溶け込み、進出先の発展に貢献するというポリシーを貫いている。技術とノウハウを根付かせ、現地で人材を育てることに力を注いできたのである。

１９９０年には、欧州の経済統合に向けた対策の一環として、英国最大の軸受メーカー、ＵＰＩ社を買収、その後は中国・アジアへの事業展開を加速、２０２２年現在30カ国に拠点を設けている。

軸受は自動車、鉄道、飛行機、工作機械、製紙機械、家電、ＯＡ機器、さらには人工衛星など、あらゆる機械に組み込まれ、性能の向上やエネルギー消費量の削減に貢献している。近年は、風力発電機に用いる軸受として、20年間の稼働に耐えられる製品を新たに開発、次世代のインフラやエネルギー産業の需要に対応している。

軸受で日本の産業の進化を支えてきた日本精工。１００年かけて培ってきた技術とフロンティア精神で、次の１００年を支える挑戦を続けている。

〈参照社史〉『日本精工１００年史１９１６－２０１６』（２０１９年）

日本精工の歩み

1914年	山口武彦が日本精工㈾を創業、軸受の試作を開始
1916年	株式会社に改組、日本精工㈱を設立
1937年	神奈川県藤沢市に一大生産拠点、藤沢工場を新設
1947年	軸受の輸出を開始。輸出先は東南アジア諸国
1953年	滋賀県大津市に軸受の製造会社、西日本精工㈱（現・大津工場）を設立
1961年	藤沢工場敷地内に技術研究センターを設立
1964年	米国・ボルグワーナー社と合弁会社を設立
1972年	ブラジルのスザノ工場操業開始
1973年	米国・フーバー社と合弁会社を設立
1975年	埼玉県羽生市に自動車軸受の製造工場、埼玉工場を新設
1984年	福島県東白川郡棚倉町に産業器械軸受の製造工場、福島工場を新設
1990年	英国最大の軸受メーカー、UPI社を買収
1995年	中国・江蘇省昆山市に昆山NSK虹山有限公司（現・NSK昆山社）を設立

巴コーポレーション

誰もが知る建築に宿る革新の蓄積

CASE 41

全国各地に点在する巨大な体育館や航空機の格納庫。これらの建設を手がけてきたのが、大空間建築業界を牽引する巴コーポレーションだ。

大空間を支える天井の造形美

巴コーポレーションは、1917年、発明家魂にあふれた野澤一郎が創業した巴組鐵工所に始まる。社名の「巴《ともえ》」には「労使一体となって会社が共に栄え、事業を通して社会に貢献する」という思いを込めた。

1923年、関東大震災後の焼け野原を見て「燃えない電柱をつくろう」と、鉄製の電柱「巴ポール」を考案、全国の私鉄の約90％で電車線路用側柱に使用された。また、1940年には送電線鉄塔の国産化を実現、日本の鉄塔技術の礎を築いた。鉄柱・鉄塔の設計製作技術は、同社がその後新しい構造物を生み出していくための大きな技術的基盤となった。

1932年、鉄塔用の山形鋼で三角形を構成、交互に突き合わせた菱形《ひしがた》を網状にした骨組みで曲面を構成して大空間（大張間《おおはりま》構造）を構築することが最も合理的であると考えた野澤は、立体構造建築「ダイヤモンドトラス」を発明した。組み立てた骨組みを足場として活用しながら大きな柱を使わずに大空間をつくり出せると同時に、部材を規格化することで材料を少なくでき、工期も短縮できるという画期的な建築技法であった。この技術は、当初は航空機の格納庫や工場に、戦後はアイススケート場、巨大レジャー施設など、多くの建物に採用された。

第2次世界大戦後、本邦初の鉄塔試験設備を完成させ、また、国内2台目となる最新式コンピュータを導入して、大空間構造で新たな取り組みを展開した。薄い貝殻が大きな水圧に耐えることにヒントを得て、シェル構造理論を網目状の鉄骨立体構造に適合させ、1953年に大空間構造「ダイヤモンドシェル」を開発したのである。薄膜構造の天井は軽快感を演出し、造形美や自由奔放な形は国内外から高い評価を受けた。

国民の体育振興で体育館の需要が急増したことを受け、1963年に開発した規格化体育館「ダイヤモンドジム」は、計画から現場施工まで一貫して取り組んだ初めての建造物である。部材を工場で量産するため資材の無駄がなく、工期の短縮化、大幅なコストダウンを可能にし、受注は10年間で1000棟を突破、これまでに2050棟を超える。

鉄骨の限界に挑む

戦後の経済成長に伴う鉄塔、鉄骨構造建築の需要増、需要の多様化・広域化に対応して、同社は全国各地に工場を建設して生産体制の整備、受注網の整備に努めた。総合建設業に進出、得意とする大空間構造である工場・倉庫に加え、物流拠点や鉄筋コンクリート造りの文教施設なども手がけるようになった。

新分野として、電磁波を遮断し、OA機器などを電波障害から防護する電波暗室や電磁波シールドルームの施工に取り組み、多数の実績を残している。

1970年以降、同社の独自技術は大空間構造における特殊鉄骨分野で大きく花開き、大阪万博パビリオン（住友童話館）、札幌オリンピック会場（真駒内《まこまない》屋内競技場）など、大規模なイベントで発注者のニーズを具現化した。

1981年には、ダイヤモンドトラス以来の技術を応用し、鉄骨の接合部に球体を使用して、自由に曲面を操ることを可能にした「トモエユニトラス」を開発した。1985年のつくば科学万博の政府館の建設を手始めに、時代を彩る建造物（東京都夢の島熱帯植物館、東京辰巳国際水泳場、東京国際展示場）、東京オリンピック会場（伊豆ベロドローム）など、大型建造物に採用された。

長野オリンピック会場(長野市真島総合スポーツアリーナ)では、高所作業時の事故防止と品質向上のため、1400トンの屋根を先に組み立てた後、油圧ジャッキで14メートル上にリフトアップする特殊工法を実施し、注目された。

鉄塔分野では、送電用・通信用鉄塔の都市周辺部での建設増加に伴い、形状が優美かつ環境に調和する「環境調和型鉄塔」の開発を手がけた。また、鉄塔の大型化に向けた軽量化に取り組み、強度を高めつつ、使用量が少なくてすむ高張力鋼材をメーカーと共同で開発、100メートル級の鉄塔で倒壊実験まで行うなど、この分野でも大きな飛躍を遂げた。

わが国を代表するランドマークの立役者

土木分野である橋梁《きょうりょう》にも本格的に進出し、本州四国連絡橋の建設などに取り組んだ。

1998年、日本道路公団松山自動車道宿茂高架橋では、橋梁を縦に組み立てていき、90度回転させる世界初の「ジャッキアップ回転架設工法」を開発、さまざまな賞を受賞した。

1980年代以降、同社は海外事業を強化する施策をとり、東南アジアを中心に各国で発電所や空港ターミナルを手がけている。

1992年10月、多様な事業とグローバル化にふさわしい「巴コーポレーション」に社名変更すると同時に「都市の内外をネットワークする建設活動を通じて、人々のパーソナルネットワークを拡大する」と、事業活動を通じて社会へ貢献する理念を打ち出した。

創業以来、独自の設計・工法を開発し、匠の技に磨きをかけてきた巴コーポレーション。江戸東京博物館、国立新美術館、名古屋市科学館プラネタリウム、東京駅八重洲ログランルーフ、虎ノ門ヒルズ…と、誰もが知る大プロジェクトへと次々に参加してきた。なかでも、同社の技術が結集した成果が、2012年に完成した東京スカイツリー®だ。AR技術を活用して複雑な接合部の精度をカメラ画面上で確認するシステムを確立し、仮組立の省力化に取り組んだ。

新技術、造形美、形状の自在性を兼ね備えた同社の建築は国内外から注目され、大空間構造のパイオニアとして、大張間構造建築で独占的な地位を築いている。まさに〝技術立社〟である。

〈参照社史〉『巴コーポレーション百年史』（2018年）

巴コーポレーションの歩み

１９１７年　東京に巴組鐵工所を個人創業（１９２３年㈾巴組鐵工所に改組）
１９２２年　送電線鉄塔関係特許権取得
１９２３年　鉄製電柱「巴ポール」を開発
１９３２年　立体構造建築「ダイヤモンドトラス」を開発
１９３４年　㈱巴組鐵工所に改組
１９４０年　送電線鉄塔の国産化に成功
１９４３年　東京都江東区に主力の豊洲工場建設
１９５３年　大空間構造「ダイヤモンドシェル」を開発
１９６５年　栃木県に小山工場建設
１９７１年　東京営業所開設（１９７３年、東京支店に昇格）
１９７２年　金属製品から建設業ポストに指定替え
１９８１年　「トモエユニトラス」を開発
１９９２年　㈱巴コーポレーションに社名変更

CASE 42

シマノ

伝統技術で自然と人をつなぐ

自転車が外国から日本に伝わったのは幕末のこと。輸入が増え、修繕が必要となった時、一役買ったのは大阪・堺の伝統技術、鉄砲鍛冶だった。シマノの創業者・島野庄三郎は、1894年、この堺に生まれた。

堺の伝統技術を磨く

庄三郎は15歳から堺の刃物工場で働き始め、24歳で自転車部品メーカーに職長として迎えられた。しかし、第1次世界大戦後の不況で勤務先の工場は閉鎖。庄三郎は職を失ったが「苦境はチャンス」と前向きに捉え、1921年に26歳で島野鉄工所を創設した。

刃物工場時代の仲間1人と旋盤1台で手がけたのは自転車部品の中枢・フリーホイール（後輪に取り付ける1枚ギア）の生産だ。創業2年目には旋盤4台、フライス盤・ポール盤各1

台、工員も6人に増えたが、品質ではまだ課題が多く、特に、問題があったのは鋼鉄の強度だった。庄三郎は焼き入れ作業を繰り返し、高品質と均一性に努めた。さらに硬度を保ちながらホイール表面に光沢を出す〝製品のツヤ出し〟の際に、砂を吹き付けて磨く「サンドブラスト法」という新技術を導入するなど、地元の伝統である鍛冶技術の進化に尽力した。

第2次世界大戦後、復興に向けて自転車部品の生産を再開、1946年にはフリーホイールの生産量を月産1万5000個にまで引き上げた庄三郎は、原材料の割り当ては完成車メーカーが優先されていたことから、同年、島野自転車を新たに設立し、完成車の生産にも着手した。政府が経済立て直し策の一つとして自転車業界を積極支援したことも追い風になって、1950年には、島野鉄工所が島野自転車を吸収合併し、翌年に島野工業へと改称、事業拡大への礎を築いた。

1956年、フランスから新しい外装変速機が入ったのをきっかけにサイクリングブームが到来。3種類の歯車を使って上り坂、平地、下り坂と使い分ける外装変速機に着目した同社は、さっそくその生産を開始、翌年には月産2万個にもなった。

世界が認めた高い技術力

1958年に庄三郎が他界すると、長男の島野尚三が30歳の若さで社長に就任した。「いずれ国民生活が豊かになればスポーツやレジャーが広く根付くようになる」と確信していた尚三は、①自転車部品専業メーカーに徹する、②徹底的な技術改良、③販売システムの近代化、④輸出市場の開拓と拡大を戦略的な目標として掲げた。

まず取り組んだのは、「スリースピードハブ」（内装変速機）の改良だ。1958年に軽くて無駄な空回りがなく、しかも安い同社独自の新製品を発売したところ、1カ月の売れ行きは当初3000個、翌年は1万個、60年には5万個という拡大ぶりであった。安全操作の面でも、同社はさまざまな自転車部品を世に送り出した。代表例といえるのが、1969年に発売した「油圧ブレーキ」である。ブレーキレバーに加えられた手の力を油圧に変換して、前輪と後輪に圧力をかけるもので、自転車の安全性向上に貢献したのである。

新製品の開発を支える技術改良で特筆すべきは、鉄を常温のまま叩いて成型する冷間鍛造だろう。当時、鉄の成型は熱して行う熱間鍛造が常識だったが、表面が酸化しやすく形も整えにくいため、小型部品にはやや不向きであった。同社は巨額の研究開発費を投じて冷間鍛造技術を確立し、コストダウン、工程の短縮、製品精度の安定、大量生産に成功した。

販売面については、全国主要都市にサービスセンターを開設、島野工業の新製品の機能、修理方法を小売店向けに指導する態勢を整えた。アフターサービスを充実させたところに、堺の気質がうかがえる。

強力な生産・販売体制を整えた同社は、米国と欧州の市場を目指した。1965年、ニューヨークにシマノアメリカンコーポレーションを設立し、各地で小売店や卸商を集めてメカニズムの説明や修繕の講習会など徹底したアフターサービスを実施した。この結果、米国での売り上げは早々に10億円を超えるなど、順調な伸びをみせた。自転車発祥の地・ヨーロッパへの進出は、伝統、好み、欧州諸国のお国柄も違って困難を極めたが、1972年に西ドイツにシマノヨーロッパを設立すると、周辺各国からも注文が入るようになっていった。

自然と人と道具の調和

国内外にブランドイメージを深く浸透させた同社がさらなる発展を目指すために取り組んだのが、釣具事業である。釣り糸を手繰るために竿に付けるリールの内部構造がスリースピードハブに似ており、これまで培った技術が生かせそうだったからだ。ただ、リールだけでは商売にならない。製品ラインアップを充実させる方策を考えていた矢先に釣具業界の名門・東作釣具が倒産し、図らずも竿の製造工場および生産ノウハウを引き継ぐことになった。

そこで同社は1970年に釣具事業部を立ち上げ、翌年には釣り竿生産を専業とする島野足立として分社化し、釣具業界に本格進出した。実績がないため取引先との関係構築に苦労しながらも、鮎釣り用のグラスロッド「時雨」やレジャー用氷結筒付クーラーなどヒット商品を世に送り出していった。

釣具事業でも海外展開を進めた。米国進出に当たってはまず、同社の技術者が1年間、米国で最も人気の高いバスフィッシングの釣り場をくまなく踏破してフィールド調査を行った。その成果から生まれた超精密両軸リール「バンタム」は、世界中の釣具メーカーからコピーされるほどの画期的製品だった。

同社は時代の変化を先取りするかのように、より多彩でより柔軟な製品を次々に送り出している。１９８２年発売の「デオーレXT」はマウンテンバイクの世界的ブームを巻き起こした。釣具では、縦と横方向の強度だけを考えていた従来のカーボンロッドに〝斜め〟の強度を加えたXライン構造、へら竿の最高峰「朱紋峰《しゅもんぽう》」、新複合素材チタノスを採用した「ファイティングGT７０００」などが釣り人を魅了した。〝自然と人と道具の調和〟をモノづくりの出発点とした姿勢や思想から生まれた製品群は、世界中の熱い支持を得た。

庄三郎が大切にした地元の伝統、それを受け継いだ尚三の先見の明。両者の歯車が噛み合い、シマノはグローバル企業としての確固たる地位を手繰り寄せたのである。

〈参照社史〉『シマノ70年史』（１９９１年）

シマノの歩み

１９２１年　大阪・堺市に島野鉄工所を創設
１９２２年　フリーホイールの製作に着手
１９３６年　堺市老松町に工場を新築移転
１９４０年　株式会社に改組
１９４６年　島野自転車㈱を設立、完成車製造開始
１９５０年　島野鉄工所が島野自転車を吸収合併（翌年、島野工業㈱に改称）
１９５６年　外装変速機の生産に着手
１９５７年　内装変速機（スリースピードハブ）生産開始
１９６５年　米国に「シマノアメリカンコーポレーション」設立
１９７０年　釣具事業部発足
１９７２年　シマノヨーロッパ設立
１９８５年　複合新素材リール「チタノスシリーズ」発売
１９９１年　創業70周年。㈱シマノに改称

CASE 43

テルモ

世界の医療と伴走する100年企業

「医療を通じて社会に貢献する」という企業理念のもと、革新的な技術で世界の医療をサポートしているテルモ。社名の由来はドイツ語の「Thermometer《テルモメーター》」(体温計)である。体温計で会社の基礎をつくった同社の歴史を示している。

体温計の国産化をリード

大正時代初期、日本の体温計市場はドイツ製が押さえていた。第1次世界大戦によって輸入が途絶えると、医師は体温計不足に悩まされた。その頃、東京医師会会長・笹川三男三《みおぞう》は、約20人の職工とともに体温計を製造していた竹内テルモ製作所の竹内英二から資金援助を求められた。笹川は医学界の重鎮・北里柴三郎に相談し、竹内製作所の製造設備や営業など、一切の権利を継承した。そして1921年、優れた体温計の国産化を目指して、北里や竹内、医師仲間らとともに赤線検温器㈱を創立した。

森下仁丹の創業者・森下博から販売面で支援を受けることになった同社は１９２２年、「仁丹の体温計」を1本3円で発売した。翌１９２３年には高千穂製作所（現・オリンパス）計器部の業務を継承し、東京の幡ヶ谷（現・本社所在地）に工場を開設した。体温計メーカーとしての基礎をつくると、１９３６年、社名を仁丹体温計株式会社とした。

第2次世界大戦中、体温計の需要は旺盛だったが、原材料の値上がり、電力やガスの使用制限などで経営は困難を極めた。１９４５年の空襲では、すべてが灰燼《かいじん》に帰した。

戦後、同社は懸命に復興に取り組み、合理化と近代化を進めた。１９５４年に開発した高真空水銀充填法は、体温計製造の機械化と量産化、そして品質の安定を実現した。１９５５年の年間生産量は２５０万本と国内生産量の30％を占め、同社は業界第１位となった。１９５８年には輸出課を新設、インド、香港、米国その他各国に体温計を輸出するようにもなった。

今の医療に不可欠な製品を相次いで開発

１９５８年9月、対米輸出促進のために渡米した常務の戸澤三雄（後に社長）は、感染を防ぐための使い捨て（ディスポーザブル）医療器を知り、帰国後、開発に取り組んだ。最大の課題は減菌法であった。素材や包材（プラスチック、金属、接着剤）のすべてが減菌に耐え、使用直前まで無菌状態を維持しなくてはならない。苦労の末、１９６２年にエチレンオキサイドガス減菌法の実用化に成功、プラスチック製注射筒、ディスポーザブル注射針、カテーテル、導尿バッグなど各種ディスポーザブル医療器を相次いで発売した。以来、同社はこの分野のパイオニアとなった。

１９６９年には、輸血用血液の有効利用のため、血液の保存性を高め、成分分離をより安全にした塩化ビニール樹脂製血液バッグを開発、１９７３年には日本で初めてソフトバッグ入り輸液剤を発売するなど、日本の血液事業を支えた。

１９７０年代、同社は国際化へと踏みだした。まず、米国や欧州に海外販売拠点を設け、１９７０年代半ばには世界各国の市場に直結した販売態勢を確立した。さらに、海外工場の建設も進めた。１９７４年、商標としていたテルモが世界中で定着してきたことを踏まえて社名をテルモに変更すると、医薬品や人工臓器の分野へ本格進出した。

医薬品で特筆されるのは、同社の新薬第1号として１９７８年に発売した皮膚疾患用密封療法剤（デルポＦＤテープ）だ。非通気性のポリエチレンフィルムにプレドニゾロン（合成副腎皮質ホルモン）を塗布したもので、皮膚疾患に対する治療に用いられた。

人工臓器で最初に踏み込んだのは人工腎臓である。１９７７年に人工腎臓の本体である中空糸型人工腎臓(ダイアライザー)を、1988年には腹膜透析用の腹膜透析液を発売し、人工腎臓(血液透析)と腹膜透析という、二つの透析療法へ対応した。1982年には心臓手術中の患者に酸素を供給する、つまり、肺の役割を果たす人工肺を開発した。世界初の中空糸型人工肺で、量産化に成功したのも同社が初めてであった。

さらに1985年には血管造影用カテーテル、1990年にはPTCA(経皮的冠状動脈拡張)カテーテルを相次いで発売した。PTCAカテーテルは先端のバルーンをふくらませることで血管を広げ、血流を改善するものである。

医療関係者を主な顧客としてきた同社であったが、1986年にはホームヘルスケア分野にも進出した。健康の維持・増進に対する社会の関心が高まってきたからである。1988年発売の家庭用電子血圧計や、1990年発売の使い切り家庭用外用薬(キズ薬、虫さされ・かゆみ薬、口内炎薬、水虫薬、オキシドール、鎮痛消炎剤)では、テレビコマーシャルなど積極的な宣伝活動を展開して、一般ユーザーに対する認知度を高めた。

技術を磨き形にする

先進技術の獲得と総合化、そして生産技術の開発と実用化を経営の基本姿勢とする同社は、1990年、研究開発と情報管理機能を備えた施設である「湘南センター」を神奈川県中井町に開設した。こちらの施設は国際企業としてさらなる成長を遂げるうえで、大きな役割を果たした。

１９９０年代、世界の政治経済は激しく揺れ動き、わが国の企業にさまざまな影響をもたらした。変化する時代を生き残るため、同社は海外事業の再建に全力を傾けた。１９９１年にまず、米・欧・豪ブロックで生産と販売を一体化して、経営の合理化を進めた。さらに、商品開発の迅速化や財務面の見直しなど、全社員の力をフル活用して新たな展開へ向けた足固めを進めた。

同社の技術は幅広い分野で新商品を創出している。なかでも、素材の選定や生産、滅菌に代表される「ディスポ化・量産化技術」、医療器と医薬品の技術を組み合わせる「複合化の技術」、ガイドワイヤーや人工肺などの「コーティング技術」、高性能の機械を用途に合わせて小さくする「ミニチュア化の技術」は同社の基盤技術といえる。このように、技術に立脚し、技術を生命線としてきたテルモ。「人にやさしい医療」を経営の起点とし、社会への貢献を続けている。

〈参照社史〉『医療とともに：テルモ60年のあゆみ』（１９８２年）、『医療とともに：テルモ70年のあゆみ』（１９９２年）、『人にやさしい医療をめざして：１９９１～２００１:80th anniversary』（２００２年）

テルモの歩み

１９２１年　体温計国産化のため、赤線検温器㈱創立
１９３６年　仁丹体温計㈱に社名変更
１９５８年　輸出課を新設
１９６３年　ディスポーザブル注射筒を発売
　　　　　　㈱仁丹テルモに社名変更
１９６４年　ディスポーザブル注射針を発売
１９７１年　ベルギーにテルモヨーロッパ社設立
１９７２年　米国にキンブルテルモ社（現テルモメディカル社）を設立
１９７４年　テルモ㈱に社名変更
１９８２年　中空糸型人工肺を発売
１９８４年　約60年続いた平型水銀体温計の製造を終了
１９８９年　消化態経腸栄養剤を発売
１９９０年　神奈川県中井町に湘南センターを開設

昭和丸筒

CASE 44

「紙」の加工技術で多様な製品を生み出す

昭和丸筒《まるつつ》は綿棒から建築用資材まで、材料、サイズを問わず丸い筒をつくり続けている。紙の箱は四角いものだけだった大正時代に「丸いもののあったほうが便利」とひらめいたのが、創業者の佐藤秀雄だった。

紙加工業としてスタート

1923年、21歳の佐藤は大阪市で佐藤紙器工業所を創業した。当初は靴クリームや乾電池を入れる四角い紙箱を製造していたが、数年後、朝日乾電池（現・パナソニック）から電池の外筒を受注した。これが〝丸い筒〟との出合いである。紙筒専門業への道を踏みだし、1931年には社名を昭和丸筒工業所に変更、翌年、合名会社に、さらに1943年、株式会社に改組した。1933年に陸軍指定工場となり、薬莢《やっきょう》のふたや弾丸を入れる筒なども手がけていたが、大空襲で二つあった工場は焼失、終戦後はゼロからの再出発となった。

飛躍の足がかりとなったのは、繊維業界への進出である。ＧＨＱ（連合国軍総司令部）は化学繊維の生産を日本に奨励したが、輸出用のレーヨン糸を巻くのは、円錐状でエンボス加工されたコーン紙管でなければならなかった。紙管の表面にイボをつけるエンボス加工はミーリングという加工技術を使って雄型にし、接着剤は猟銃の薬莢づくりの経験を生かし、7カ月かけて紙に強度をもたせたコーン紙管を完成させた同社は、高度成長時代の担い手となる化合繊業界とともに急成長を遂げた。

１９５４年、同社は紙管づくりの技術を用いてナイロン糸用の紙ボビンを開発した。この頃から欧米で最新技術の情報収集を行っていた同社は、繊維の品質を決定する要因の一つは紡いだ糸を巻くボビンの質であると気づいて、ボビンの材料を紙から鉄に、さらに１９６２年にプラスチック部門を発足させ、プラスチック製ボビンを開発、揺るぎない企業基盤を築いた。

材料と市場を広げる

１９６６年、創業者である秀雄の逝去に伴い、長男の功が35歳で社長に就任した。功は京都大学工学部を卒業した技術者だが、国際感覚、マーケティング知識、営業能力をも備え、社長に就任する前から紙だけに執着しては後れを取ると考えていた。そこで、紙以外の材料を使った製品の量産設備を整え、販売拡大を図った。

１９７０年代に入ると、日米繊維交渉の決裂、対米輸出自主規制などにより、繊維業界の成長は鈍化し始めたことから、同社も非繊維部門へと主力製品の転換を図った。

著しい伸びをみせたのが、紙管の上下にふたをつけたコンポジット缶（のち「スパイロパック」の商標で生産・販売）である。１９７０年、内部に耐油紙、外部にアルミ箔《はく》を貼り、ブリキ缶よりコストが１割安い印刷用インキ缶を発表した。次の日本酒用筒型パックは、スパイラル状に巻いた紙筒に金地の上貼り、内部は薄いポリエチレンと、いくつもの材料を組み合わせたもので、コンポジット缶の初商品となった。その後、同社のコンポジット缶を容器に採用したあられが斬新さと味の良さで人気を博すと、コンポジット缶は乾燥海苔《のり》、茶葉、ココア粉末などの食品用容器として急速に普及、１９７０年代半ばには、非繊維部門の売上高が繊維部門を逆転した。

１９８２年、同社は世界初となる、既存の金属缶設備で充填密封できるコンポジット缶を発売した。中味を常温で長期保存できる、自動販売機で使えるなどが特長で、固体、液体、粉末、顆粒、流動体と、中に詰めるものを問わないコンポジット缶は、重量・サイズ・運送費を軽減し、使用後は焼却できるため容器回収の手間も省け、生産者と消費者の両方に評価された。

建築用資材のソノボイドとソノチューブも非繊維部門の売り上げ増加に寄与した。ソノボイドはコンクリート内に目的に応じた空洞をつくる紙管で、建築物を軽量化し、建設費の削減に貢献した。ソノチューブは円柱や橋桁など大型のコンクリート構造物をつくるための型枠として使用される紙管である。紙管でつくった建築物もある。阪神・淡路大震災の際は、建築家・坂《ばん》茂の設計による紙管ログハウスを神戸市長田区に建設した。設置費用も安く、プレハブとは一味違う仮設住宅として喜ばれた。

高いクリーン性が求められるメディカル製品にも進出した。1977年には極細の紙軸でつくったイヤフレンド・メディカルという綿棒を耳鼻科医向けに発売、1984年には血液をろ過するため人工腎臓装置に用いる樹脂製パイプを発売した。

資源を循環させる

同社は「地球や人にやさしいモノづくり」を心がけている。創業以来、リサイクルされた再生紙を材料に使用してきた。つまり、事業そのものが循環型なのだ。

1990年代以降、環境保全への関心が高まってくると、同社はさらなる工夫を重ねた。強度が求められる製品には紙に加えポリエチレンやアルミ箔を混ぜるようになっていたため、こうした混合物の入った紙製品を破砕し、樹脂成型する技術を開発した。

樹脂成型の技術でつくったのが梱包材のパクシーアングルである。樹脂を含んでいるため強度が高く、耐水性や耐湿性に優れている。廃材を使用するため製造コストが安く、使用後は再度パクシーアングルの材料として使うことができる。ソノポストという製品は、再生紙を100％使用した緩衝用包装材で、使用後は古紙として再利用できる。エアコンの室内機やシステムキッチンなど生活に欠かせない大型設備の輸送に用いる包装材として使われている。1998年に開発したXY《ザイ》は、古紙を綿状に加工したものに再生樹脂をブレンドした素材で、リサイクル資材だけでできている。自動車内に外気を取り込む円筒型エアクリーナーのケースに採用された。

紙管の製造技術を応用展開し、利便性や強度を高め、環境にやさしい製品を生み出してきた昭和丸筒。同社は人々の暮らしに深くかかわり、自然環境への適応、生活の向上に貢献すべく成長し続けている。

〈参照社史〉『株式会社昭和丸筒五十年史』（1980年）、『株式会社昭和丸筒八十年史』（2005年）

昭和丸筒の歩み

1923年　佐藤紙器工業所を大阪市で創業
1931年　合名会社昭和丸筒工業所に改組（1943年株式会社となる）
1947年　㈱昭和丸筒に商号を変更
1949年　コーン紙管を開発
1954年　ナイロン用紙ボビンを開発
1962年　東京営業所開設
1970年　コンポジット缶を開発（1972年商標を「スパイロパック」とする）
1977年　綿棒イヤフレンド・メディカルを発売
1980年　トナー容器、ハイコアー製造開始
1982年　加熱充填可能なコンポジット缶を発売
1984年　人工腎臓装置用の樹脂製パイプを発売
　　　　樹脂製トナー容器製造開始
1992年　緩衝梱包材パクシーアングルを発売

CASE 45

日本信号

交通インフラの安全・利便性を追求

日本信号は信号装置業界のリーディングカンパニーである。高い安全性と信頼性を満たす技術を開発、さらには応用することで、事業領域を拡大してきた。

電子技術で高速輸送をサポート

1928年、日本信号は鉄道信号の分野に名乗りをあげた三村工場、塩田工場、鉄道信号の3社合併によって誕生した。設立後、米・GRS（ゼネラル・レールウェイ・シグナル）社と提携して技術水準を大幅に高めると、信号と転轍《てんてつ》機をつなぐ継電連動装置など、各種新鋭機器を開発した。第2次世界大戦後は、運輸省（現・国土交通省）から大量に注文のあった踏切警報機を手がけた。同社は経済の成長に伴って交通量が増大すれば「電子技術こそが来るべき信号技術の神髄になる」と考えて研究に取り組み、実力を蓄えていった。

１９５６年に参宮線六軒駅で、１９６２年に常磐線三河島駅で衝突事故が発生すると、国鉄は自動列車停止装置（ＡＴＳ）の導入を決定した。ＡＴＳの研究に取り組んでいた同社は、１９６３年に電子信号を利用したＳ型ＡＴＳを製作した。やがて同社のＡＴＳは全国に設置されるようになった。

１９６４年に開業した東海道新幹線の信号装置の製作も請け負った。時速２００キロメートルを超える新幹線に乗っている運転士が軌道上の信号を目で追うのは不可能だから、許容速度などの情報を運転席からわかるようにするには、信号の電子化が必須だった。同社は信号用の電流をレールに流して列車が読み取る技術を開発することにより、高速走行中の運転士が信号情報を確認できるようにした。同じ１９６４年に開通した東京モノレールでは、継電連動装置、ＡＴＳ、列車位置表示装置、旅客案内表示装置などを含む総合システムを受注した。

スムーズな道路交通を実現

１９３１年に道路用信号の国産第１号機を製作した同社は、こちらの近代化にも力を注いだ。東京の日本橋、呉服橋、桜橋の各交差点に設置した四隅式の灯火信号機は、形も現在のものとほとんど変わらない。

1963年には、東京の愛宕にある交差点の流入路のすべてに車両感知器を設けた。車両の有無によって信号の赤・青・黄色の表示時間を自動的に変える地点感応式交通信号機を開発したのである。さらに、自動車が複数の交差点を停止せずに通過できるように、信号機同士が連動して表示時間を調整する自動感応系統式交通信号機も開発した。1969年には超音波式車両感知器を生み出した。

1971年に「交通安全施設等整備事業に関する緊急措置法」が改正されると、都道府県庁の所在地など主要都市に、交通流量の制御を広域にわたって総合的に行う交通管制センターが設置されていった。同社はコンピュータによる交通管制システムを交通管制センターに納めた。

信号の枠を超えて活躍

鉄道と道路を二大事業として発展してきた同社は、電子技術や情報制御、情報識別などのノウハウを応用して、ほかの事業へ進出していった。

1963年、同社は駐車場事業に本格的に参入し、高機能の駐車場システムを相次いで開発した。例えば1970年には、鎖錠装置付き有料駐車計「パークロック」をリリースした。屋外での設置に耐え、無人料金収受機能をもち、1、2台から数十台までと収容規模も幅広く対応できるパークロックは爆発的な広がりをみせた。1971年に栃木県宇都宮市の百貨店にオープンした4階建て・500台収容の駐車場では、管理装置とともに、駐車券発行機や駐車料金支払機、中央制御機器、定期券・無料券発行機、割引機、車両感知器、入出場ゲートなどで構成した、磁気カード式の駐車料金徴収システムを設置した。

1985年に発売したカードシステム「VISMAC」は鉄道の回数券の印字をリライトして券をリサイクルするために開発したものだが、磁気情報の可視化とリライトというまったく新しい機能は多方面から注目を浴び、瞬く間にさまざまな分野から引き合いを得た。VISMACは、企業が発行するポイントカード、プリペイドカード、各種会員カードなどに使われ、その後の同社の多岐にわたる事業領域への道を拓いたのである。

日本信号のテクノロジーの発達は、人の移動を便利にし続けている。皮切りとなったのは、1969年に納入した東京モノレール浜松町駅の自動改札機だ。当初、自動改札は、省力化・キセル防止・不正乗車防止など、鉄道サイドの都合から開発が進められたが、その後、乗客等の便宜性・快適性を追求するようになった。やがてプリペイドカードを改札機に通すストアードフェア（SF）カード処理機能も搭載するようになって、異なる鉄道会社間のスムーズな乗り換え・乗り継ぎが可能になった。

1995年には、乗り継ぎに必要な改札作業を人手に頼ることなく行える「中間ラッチ用改札機」を開発し、JR東日本と他社線との連絡口に設置した。1997年には、2枚の乗車券を同時に投入でき、不正乗車防止の完全化を狙った改札機や、乗車券、特急券、座席指定券などをまとめて投入、返却できる改札機も開発した。

同社は定期入れを改札機にかざすだけで通れる「非接触ICカード改札機」も開発した。システムの高機能化を図り、定期券とSFカードの機能を1枚のカードに納める、バスなどほかの交通機関でも利用できるようにする、電子マネーやクレジットカードと連携できるようにするなど、利便性向上に一役買っている。

同社がこれだけ多くの事業を成功させることができた要因は二つある。一つは、早くから電子技術の動向をとらえて実用化し、ほかの事業領域に応用できるように研鑽《けんさん》を続けてきたこと、もう一つは、柔軟な組織づくりで、事業部制の導入や廃止、技術センターの開設といった組織改編を、時代の要請と各事業の状況に合わせて実施してきたことである。業界のリーディングカンパニーとして、これからも移動の安全と利便性を追求していくのだろう。

〈参照社史〉『50年のあゆみ』(1979年)、『80年のあゆみ』(2009年)

日本信号の歩み

1928年	三村工場、塩田工場、鉄道信号㈱が合併して日本信号㈱を設立
1931年	国産交通信号機を製作
1937年	埼玉県浦和市（現・さいたま市）に与野工場を開設
1954年	真空管式B型車内警報装置を京浜東北線、山手線に納入
1958年	CTCを伊東線に納入・使用開始
1962年	東海道新幹線用の電子機器製作のため宇都宮工場を開設
1963年	駐車場事業に本格参入
1964年	東海道新幹線（東京〜新大阪間）開業、信号システムを納入・使用開始
1969年	自動改札装置を東京モノレール浜松町駅に納入・使用開始
1985年	ポイントカードなどに使われるカードシステム「VISMAC」を発売
1995年	乗り継ぎに必要な改札作業を自動化
1998年	台湾全島の鉄道信号近代化を一括受注
2007年	共通ICカード（Suica・PASMO）相互利用開始、改札機の一斉改造を受注

CASE 46

マブチモーター

〝動く〟を変えた馬渕兄弟

家電やおもちゃなどの動力源として、日々の暮らしを身近で支えている小型直流モーター。その世界市場でシェア第1位を誇るのがマブチモーターだ。

子どもを笑顔にするイノベーション

創業者の馬渕健一は子どもの頃から機械いじりが好きで、模型づくりに異色の才能を発揮した。小学校4年生のときに製作した洗濯機は、後にメーカーが売り出した電気洗濯機と原理も構造もまったく同じだった。1946年、24歳で香川県高松市に関西理科研究所を創立、小学校で学ぶ理科の教材に用いるモーターを製造販売した。これがマブチモーターの源流である。

1947年には、世界初の磁石式モーター「馬蹄《ばてい》型マグネットモーター」を発案した。それまで主流だったコンセントにつなげる大型の交流モーターと違って、電池につないで使用する直流モーターで、小型で強力、しかも安価という画期的なものだった。馬蹄型にしたのはモーターの効率がアップすることに加え、組立作業もやりやすかったからだ。マグネットモーターの大きな意義は、電源コードという束縛から解き放ち、モーターの利用範囲を爆発的に広げたことだった。

健一は小型直流モーターをおもちゃに利用してもらおうと、東京のおもちゃ製造問屋の野村トーイに売り込んだ。健一がつくったモーターは日本製おもちゃを一変させた。セメントミキサー、消防車、栓をひねると水の出るキッチンセット…ぜんまい仕掛けではできなかった本物そっくりの複雑な動きができるようになって、米国を中心に好調な売れ行きをみせた。

小型直流モーターの本格的生産のため、1954年に東京科学工業を設立、弟の隆一を事業のパートナーにした。二人の共通点は、何よりも機械いじりが好きだったこと、既成概念に毒されない自由な発想から得たインスピレーションを即実行する行動力をもっていたことである。

1955年にモーターの部品をつくる日本科工を兄弟で設立して生産体制を強化、製品の開発改良も重ねた。1958年、東京科学工業と日本科工を解散して、新たに馬渕工業を設立した。

小型化で高まる存在感

1959年、欧米視察に出かけた隆一は、現地でつくられたモーターを使ったおもちゃを買ってては、ホテルで分解したり組み立てたりした。そして「欧米製品は性能第一で、モーターは末端の消費財ではなく部品（生産財）である」との認識を深めるとともに「今後、小型直流モーターの使途は実用向けの無限の市場が開ける。そのときの性能とコストの競争はおもちゃ向けとは比較にならないほど高度でシビアになる」と直感した。

1960年代の高度経済成長期に入ると、歴史的な技術革新が起こり、エレクトロニクスの世界が始まっていた。馬渕兄弟が主力製品として考えたのが、携帯用テープレコーダーに使うモーターであった。テープレコーダーはトランジスタの採用で小型化・軽量化が進み、コードレスによって用途が革命的に広がると予想されたからだ。回転音がほとんどしない、安定した動作、寿命が長い、消費電力が少ない——どれも必須の要件であった。技術開発を強力に推し進め、1961年、ついに理想のモーターを完成させた。

テープレコーダー用実用モーターの開発によって、同社は町工場から脱皮した。その要因の第1は、生産の量産化と精密化である。コンベヤー方式による生産に踏み切ったおかげで、より大量のロット注文を受けられるようになった。精密さも際立っていた。

第2は、操業の平準化である。高級おもちゃの主な市場である米国では、需要がクリスマスに集中するため、夏場を中心とした半年間はおもちゃ用モーター、残りの半年間はテープレコーダー用モーターを製造した。

第3は、市場での価格決定権を握ったことである。値上げして巨利を得たわけでも単なる安売りでもない。「安くすればモーターの用途が広がり、それだけ量産が可能になって市場が広がる。精一杯コストを下げ、価格を下げればライバルが参入しにくい。利益は必要な分だけでよい」――「独占利潤を求めず、量産による低価格の実現と安定供給によって、国際社会に貢献する」。この価格政策は同社の「不変の憲法」となった。

グローバルな地産地消で社会貢献

従来、モーターは顧客のニーズに合わせたオーダー生産、多品種少量生産が主流であったが、同社は1963年、部品の共通化と製品の標準化を行い、既製品を計画的に生産する体制に切り替えた。「標準品を安くすれば、モーターに合わせてユーザーが製品をつくるはず」という考えで行ったこの決断は、操業の平準化、大量生産によるコストダウン、つくり置きによる納期短縮を実現した。

こうした工夫によって、いつでもどこでも同じ製品をつくれるようになった同社が、いち早く生産拠点の海外進出に踏み切ったのは自明の理であった。1964年の香港進出を皮切りに、台湾、中国、シンガポール、ベトナム、マレーシアなどアジアを中心に相次いで生産拠点を建設した。現地生産は雇用と技術移転の場を提供し、現地の人々に所得の増加、生活水準の向上をもたらした。また、職場体験・見学イベントを行い、子どもたちがものづくりについて学べる場を提供している。

1990年には日本での小型モーターの生産を終了して、100％海外生産となった。日本には千葉県に本社と技術研究所があるのみである。

独自技術と経済合理性に徹し、創業時から一貫して専業メーカーでやってきたマブチモーター。世界シェアは50％を超え、2022年の実績をみると、生産量が15億6000万個、売上高は約1500億円に上る。機械好きの兄弟が徒手空拳で始めた事業は急速な伸展をみせ、二人の夢は超絶したトップメーカーになって花開いた。

〈参照社史〉『マブチモーターの半世紀』（2001年）

マブチモーターの歩み

１９４６年　馬渕健一が高松市に関西理科研究所を設立
１９４７年　「馬蹄型マグネットモーター」を開発、生産を開始
１９５４年　東京都葛飾区に東京科学工業㈱を設立
１９５５年　モーター応用製品の製造・販売を目的に日本科工㈱を設立
１９５８年　東京科学工業㈱と日本科工㈱を解散し、馬渕工業㈱を設立
１９５９年　東京科学㈱に社名変更
１９６３年　高出力、小型マグネットモーターを開発、家庭電気機器分野に進出
１９６４年　香港に生産子会社を設立
１９６５年　千葉県松戸市に松戸工場を建設
１９７１年　マブチモーター㈱に社名変更、千葉県松戸市に本社社屋を建設
１９７７年　米国に販売子会社マブチモーター・アメリカ・コーポレーションを設立
１９９０年　日本での小型モーターの生産を終了、１００％海外生産となる
１９９３年　ドイツに販売子会社設立

CASE 47

カシオ計算機

四兄弟の結束と挑戦

カシオ計算機は、樫尾忠雄、俊雄、和雄、幸雄の兄弟が創業した会社である。忠雄は財務、俊雄は開発、和雄は営業、そして幸雄は生産を担い、目標に向かって力を合わせてきた。樫尾四兄弟が目指したのは無からの創造、つまり「独創」を世の中に送り出すことだった。

仕事の効率をアップ

1957年、樫尾四兄弟はリレー(継電器)を素子とする世界初の小型純電気式計算機「14－A型」を開発して、カシオ計算機株式会社を設立した。14は桁数、Aは最初の機種を意味する。ブランドは「カシオ」(英字ではカシオペアから連想したCASIO)に決め、専門商社の内田洋行と総代理店契約を結び、全国展開した。価格は48万5000円と高額で、当初のユーザーは大手企業や研究所、大学などであった。有用さ、使いやすさ、シンプルな形態を実現した製品の売れ行きは急上昇をたどった。2年後には技術計算用の「14－B型」を、1960年にはさらに高性能の「301型」と、驚くべき速さで独創を続けた。

高度経済成長期に入ると、企業は設備投資を盛んに行った。同社は1961年に「書く」「計算する」「判断する」をすべてタイプライターで入出力する世界初の事務作表計算機「タックコンピュライタ（TUC）」を発売、企業の活動を後押しした。

1962年1月、プログラム機能が付いた科学技術用計算機「AL－1」を発売すると、営業部を創設し、直売方式に移行した。その理由は、メーカー自身が販売に当たれば別注機の相談にも応対できる、商談を新製品開発の貴重な情報源にできる、そしてアフターサービスから品質管理の向上に必要なデータを集めて工場にフィードバックできるからである。

エレクトロニクスによる技術革新に挑戦するため、同社は1963年、若い従業員を中心に技術チームを編成、1965年にメモリー機能と定数計算機能をもつ電子式卓上計算機「001」を発売した。翌年には最新の電子技術を盛り込んだ「101」を完成、オーストラリアに向けて初の海外輸出を開始した。

1970年、東京証券取引所第2部に上場した（1972年に第1部に指定替え）。以降、組織のあり方を根本的に検討し、開発、生産、営業、総務の4本部・独立採算制とし、各部門をつなぐ情報処理は自社製の電算機システムで効率化を図っていった。

一人一台を目指して

同社は電卓を推進力に情報機器総合メーカーへの伸展を目指し、その戦略機種として横長の形が特徴で愛称「電子ソロバン」と名付けられた電卓、ＡＳシリーズを発売した。その軽便さと低価格で需要の裾野を広げると、３年間で全国15カ所に販売とサービスの拠点を開設した。電卓の需要は中小企業や個人事業主へ拡大していった。

次の狙いはホームユースであった。「８桁で価格は先行機『ＡＳ－Ｃ』の２分の１」と目標を設定して開発を進めた。新しい販売チャネルも検討し、全国の文具店をターゲットに定めた。１９７１年に「ＡＳ－８」を発売すると、文具店3万店余りが参加する「カシオエイト会」を結成し、全国規模の販売体制を確立した。価格は3万８７００円と、世界で初めて3万円台の電卓を実現した。

手軽で便利で安い電卓は欧米にも広がった。１９７０年以降、米国、ドイツ、英国に販売会社を相次いで設立して営業活動を強化すると同時に、大手商社や各国の有力ディーラーとも連携して、全世界に自社の販売網を拡充していった。

生産規模が大きくなれば製造コストは安くなり、メーカーの利益は増える。同社は利益に先立って価格を低くして、より多くの人に製品を提供するのは当然との考えから、価格の改定を続けた。「AS－8」の価格は「001」の7分の1になった。

1972年には、手のひらサイズかつコードレスでありながら、6桁の加減算と12桁までの乗除計算ができるパーソナル電卓「カシオミニ」を発売した。価格は1万2800円である。発売と同時に爆発的な人気を呼び、全世界から注文が殺到、累計600万台が売れた。価格は3年後には4800円へと63％もダウン、計算機は誰もが買える製品になった。

社会に貢献する独創の数々

「計算の世界」を革新し、電卓の市場を創造したカシオの次の目標は「時の世界」であった。計算と同様、時（年・月・日・曜日・時・分・秒）も人間の社会生活に普遍であるし、新しい時代ならではの時の世界も生まれていた。例えば、航空機の発達で人々は時差を飛び越えて活動するようになったし、スポーツ界は秒未満の測定を求めるようになった。時のすべてを知らせてくれる腕時計を創造する。これを可能にしたのは、同社のデジタル技術だった。

1974年、同社は電子腕時計「カシオトロン」（5万8000円と6万5000円の2シリーズ6機種）を発売した。開発期間はわずか2年であった。こちらも量産によるコストダウンをユーザーに還元、4年後には1万円を切る商品を送り出している。

計算機や時計のほかにも独創の結晶は多数ある。例を挙げると、1980年発売の「カシオトーン201」はギターやバイオリン、トランペットなどさまざまな楽器の音色を奏でることのできる電子楽器である。1983年に発売した「TV－10」は世界最小の白黒のポケット型液晶テレビだ。1985年にはカラーモデルを発売した。

計算機を創造することからスタートしたカシオ計算機。樫尾兄弟は力を合わせて新しい価値を生み出し、人々の仕事を助けることや、社会に新しい楽しみや文化を提供することを実現してきた。創造による社会への貢献の結果、つまり企業利益は社会から与えられる報酬という考えが根底にある。同社はこの理念のもと、高い技術と独自の商品企画で独創的商品を生み出すチャレンジを続けている。

〈参照社史〉『カシオ十五年史』（1972年）、『カシオ35年史：創造貢献の歴史』（1994年）

カシオ計算機の歩み

１９４６年　東京都三鷹市に樫尾製作所を創業
１９５７年　電気式計算機「カシオ14－A型」を開発。カシオ計算機㈱を設立
１９６０年　東京都北多摩郡大和町（現・東大和市）に東京工場完成
１９６１年　事務作表計算機「ＴＵＣ」を発表
１９６２年　科学技術用計算機「ＡＬ－１」発売
１９６５年　メモリー付き電子式卓上計算機「００１」発売
１９６６年　電子式卓上計算機をオーストラリアに輸出
１９７１年　有力な文具卸店と「カシオエイト会」を結成し、日本全国規模の販売体制を確立
１９７４年　電子腕時計「カシオトロン」を発売
１９８０年　電子楽器「カシオトーン２０１」を発売
１９８３年　ポケット型液晶テレビ「ＴＶ－10」を発売
１９９２年　腕時計型血圧計「ＢＰ－１００」を発売
１９９７年　電波時計「ＦＫＴ－２００ＬＪ」を国内で発売

CASE 48

島精機製作所

創業の地に根差すグローバル企業

和歌山電鐵《でんてつ》の始発、和歌山駅から三つ目にある神前《こうざき》駅。駅員のいない無人駅から新興住宅地帯を進んでいくと、島正博《しままさひろ》が一代で築いた世界企業・島精機製作所がみえてくる。本社ビルと広大な工場群は、数々の苦難を乗り越えてきた同社の歴史の賜物である。

奇跡のクリスマスイブ

１９３７年に和歌山で生まれた島は8歳のとき、終戦を迎えた。戦争で父を失った島は、家族とともにバラック建ての家を確保し、荒地を開墾して野菜を育てたり、海や川で捕ったうなぎを売ったりして生活した。

中学生になると、手動手袋編機の修理工場でアルバイトを始める。そこで機械に魅せられた島は、仕事の傍ら、県立和歌山工業高校の定時制に進学する。

機械の開発に邁進《まいしん》する島に「焦点を絞れ」と忠告したのが、機械科の早川禎一《はやかわていいち》先生だった。アドバイスを受けた島は「軍手」に注力する。当時、一般的な軍手の製造は、手袋の胴体部分とゴム編みの手首部分の編み目を手作業で一つずつ移し針に植えて縫製し、指先をかがるという面倒かつ非効率な方法であった。島は、技術改革の可能性、伸びる余地ともに大きいと考えた。

1961年に高校を卒業した島は、同年7月、全自動手袋編機の開発を目標に掲げ、三伸精機（翌年に島精機製作所に社名変更）を設立した。

機械の完成への道のりは想像以上に険しかった。創業から3年半が経ったときには資本金100万円に対して借金は6000万円という状況で、12月25日に60万円の手形決済が迫っていた。「生命保険で払うしかない」。島は覚悟した。

ところが奇跡が起きる。12月24日、まったく面識のない大阪の上硲《かみさこ》金属工業の上硲俊雄社長が突然現れて100万円を差し出したのである。島の才能を見抜いていた和歌山県の仮谷《かりや》志良《しろう》経済部長（後の和歌山県知事）らの尽力だった。

それから1週間、再び開発に没頭した島は、ついに大晦日、全自動手袋編機を完成させる。翌年にはさっそく全国各地の展示会を回り、大量の注文を獲得した。手応えをつかんだ島はさらに前進する。次に注力したのは、ファッションの世界である。当時の技術水準では困難とされていた「全自動フルファッション衿編機」の開発に挑んだ。

この機械は編み目を外減らし方式で成型編みする世界初の衿編機で、同社の技術を総動員し、構想から半年で完成にこぎつけた。その後も指先のかがり作業をなくして丸く編む「全自動シームレス手袋編機」など、画期的な製品を世に送り出していく。

称賛を浴びたコンピュータ制御横編機

1974年、オイルショックが同社を襲った。経営危機に陥り、銀行や販売代理店は人員削減を迫った。対して島は、コンピュータを搭載した編機の開発を決断する。これから迎える多品種少量生産の時代に対応するには、編成をより精緻に制御できる機械が不可欠と考えたのである。

新たな設備投資・研究開発によって窮地を切り抜けようという逆転の発想は、工程の大幅な効率化を実現するコンピュータ横編機の開発につながり、同社を大きく発展させることになった。

1978年3月、東京で開催された「国際ニット技術展」で最初の機種「シマトロニック・ジャカード・コンピュータ制御横編機」を発表すると、同社のブースには連日、黒山の人だかりができた。

1981年には、コンピュータグラフィックス（CG）で衣服をデザインできる「シマトロニックデザインシステム」をリリースする。「シマトロニック」とは、同社が長年温めてきたメカトロニクス技術の商標だ。

島はなぜCGに目をつけていたのか。最大の狙いは「画面上でさまざまなデザインや編み方を試作し、そのデータを処理して編機に取り込むこと」。コストがかかるニット衣料実物のサンプル生産を最小限にすることにあった。ちなみに、「シマトロニックデザインシステム」はテレビ番組のタイトルバック映像、スポーツ中継時の得点や選手名の表示など、ファッション業界とは異なる分野にも応用されている。

1995年、同社は「完全無縫製型コンピュータ横編機」（ホールガーメント）を完成させる。糸をセットしてボタンを押すだけでニット服が1着丸ごと立体的に編み上がるという機械で、ダーツやプリーツ、リバーシブルの製品にも対応している。デザイナーの感性を機械で表現できるようにしたのである。何より、上質な商品が効率的にできるだけでなく、裁断・縫製段階で30％近くあった原材料のロスもなくなった。「産業革命に匹敵する革新的機械だ」と、業界中で称賛された製品である。

創業の地に根差し続ける

２０２２年現在、同社のコンピュータ横編機のシェアは国内で9割、世界でも6割を超える。労働集約的だったニットづくりの自動化を実現しただけではなく、デザイナーの感性に応えた同社のコンピュータ横編機は、アルマーニ、エルメス、グッチ、プラダなど世界のトップブランドからも重宝されている。同社のビジネス拠点は世界82カ国・１２３カ所に広がっている。

それでも、同社は創業の地である和歌山に本社と研究開発の拠点を置く。その理由は二つある。一つは「アパレルに必要なのはセンスであり、消費地は感性の高い先進国である。消費者に近い所でこそ、魅力あるものがつくれる」という島の信念だ。

もう一つは「地元和歌山との共存・繁栄」である。『島精機50年史』のサブタイトルには、「Ever Onward」（限りなき前進）とある。日本有数のグローバル企業でありながら、地元にこだわり、和歌山の経済発展に寄与する今の同社の姿も、限りなき前進の通過点といえるだろう。

参照社史『島精機50年史』（２０１２年）

島精機製作所の歩み

1961年　前身である三伸精機㈱を設立

1962年　㈱島精機製作所に社名変更

1964年　1枚を2分15秒で編み上げる全自動手袋編機を開発

1967年　世界初の全自動フルファッション衿編機を開発

1970年　全自動シームレス手袋編機を開発

1978年　コンピュータ制御の横編機を開発

1981年　「シマトロニックデザインシステム」の販売を開始

1985年　英国に現地法人を設立

1986年　米国に現地法人を設立

1988年　シマトロニック・コンピュータ制御横編機を開発

1995年　世界初の「完全無縫製型コンピュータ横編機」（ホールガーメント）を開発

2017年　全自動手袋編機（1964年開発）が、日本機械学会が認定する「機械遺産」に選ばれる

【コラム】

新製品売出しのＤＭ戦略と銀行のサポート

本田技研工業（以下、ホンダ）の『語り継ぎたいこと：チャレンジの50年』は、臨場感あふれる社史である。

ホンダは、第2次世界大戦後の１９４６年、従業員34人、資本金１００万円で、浜松の小さな町工場で自転車用補助エンジンの製造からスタートした。

創業から3年後の１９４９年、藤澤武夫が常務取締役として入社、以後、本田は「つくる人」（技術と製造）、藤澤は「売る人」（経営と営業）と、強烈なパーソナリティが結びつき、名コンビが生まれた。本田は「今にウチは世界一の二輪車メーカーになる！」とこともなげに言い、藤澤は「本田宗一郎は必ず世界一になるような商品をつくるだろう」と信じていた。

１９５０年、ホンダは初めて東京に進出し、中央区京橋槇町に東京営業所を開設した。といっても、事務所は粗末なしもた屋。隣の魚屋からハエが来るので、藤澤はハエ叩きを持っていた。外観はどうであれ、本田と藤澤の人柄に強く惹かれて入社した者も少なくない。

１９４９年、本格的オートバイ「ドリームＤ型」を、2年後に同社最初の4ストロークエンジンの「ドリームE型」を発売した。同時期の国産車に比べて、はるかに大きなパワーを出す二輪車だった。

圧倒的な「創る能力」に比べ、「売る能力」は弱く、長年の商慣習を変えられず、古い体質のままだった。その、販売力が弱かったホンダが、画期的な販売ルートを開拓したのが、1952年6月に実施した「カブF型」のダイレクトメール（DM）戦略である。「カブF型」は自転車用補助エンジンの最新作で、白いタンクに赤いエンジンと、デザインもフレッシュな、藤澤待望の大衆向け製品だった。

藤澤は、未開拓の大きなネットワークとして、目の前にあった、それでいて見過ごしていた全国約5万軒の自転車店に着眼して、DMを送る戦略を実行した。文章は藤澤が自ら書いた。しかも、第一弾、第二弾と、受け取る相手の心理を読んだ巧みさで、第一弾は「あなた方のご先祖は、日露戦争の後、勇気をもって輸入自転車を売る決心をされた。それが今日のあなたのご商売です。ところが今、お客さまはエンジンのついたものを求めている。そのエンジンをホンダがつくりました。興味がおありなら、ご返事ください」だ。

すると3万軒以上から「関心あり」の返事がきた。すかさず第二弾を送る。「ご興味があって大変嬉しい。ついては一軒一台ずつ申し込み順にお送りします。代金は郵便振替でも、三菱銀行京橋支店へ振り込んでいただいても結構です」

しかし、これだけでは詐欺商法とまぎらわしい。〝身元保証〟をしてくれたのは「当行の取引先・ホンダへのご送金は、三菱銀行京橋支店にお振り込みください」という銀行支店長からの別の手紙である。これが決め手となって、ものすごい反響があった。

ひとくちに5万軒というが、今のようなＤＭ流通システムはなかった。宛名はすべて手書きである。筆耕屋に外注したが、それでも時間が足りず、従業員総がかりで書きに書いた。なんと、三菱銀行京橋支店からも、行員たちが宛名書きの手伝いに来てくれた。

まだまだ知名度が低い小さな会社だったホンダ。当時、委託販売が常識の二輪車業界に、前金を払ってもらう方式をぶつけて、しかもピタッと当てた。藤澤の度胸・綿密さと銀行のサポートがアッという間に自前の販売網を作り出したのである。

土地や建物など「モノ」を担保にするのではなく、仕事や会社を見て取り引きする――銀行にも、好感が持てるそんな時代があったのだ。ちなみに、三菱銀行の行史にホンダのＤＭ作戦への協力の件がどう書いてあるのか見てみたが、特段の記述はない。強いていえば『続三菱銀行史』の「京橋支店」のページにある「当地区で育ち、優良大企業に成長した企業も少なくない」という、1行足らずの記述がそれらしきものだろう。

〈参照社史〉『語り継ぎたいこと：チャレンジの50年』（本田技研工業、１９９９年）、『続三菱銀行史』（三菱銀行、１９８０年）

第7章

新たな価値の創造
生活を豊かに快適に

帝国ホテル
森永製菓
中村屋
日本水産
TOTO
象印マホービン
ニチバン
ワコール
積水ハウス
ユニ・チャーム
綜合警備保障
パナソニック

帝国ホテル

最高のホスピタリティを実現する

CASE 49

２０２０年11月に開業１３０周年を迎えた帝国ホテルは、国際交流の舞台として世界中の人々に利用されている。その歩みはわが国の近代化の歴史に重なる。

ホテルの役割を広げる

帝国ホテルが開業したのは１８９０年11月のことである。欧化政策を採る明治政府にとって、海外賓客を遇する迎賓館の役割を兼ねた本格洋式ホテルの建設は、緊急の課題であった。出資者には宮内省のほか、井上馨、渋沢栄一、大倉喜八郎、益田孝、岩崎弥之助、安田善次郎、浅野総一郎らが名を連ねた。そうそうたる顔ぶれである。

官民の熱意を結集し、世界一流の調度品や本格的フランス料理で最高のもてなしを提供しようとしたが、開業後の業績は振るわなかった。１９０１年、事態を打開するためにドイツ人のエミール・フライクを取締役の3倍の俸給で支配人に迎え入れた。人事の刷新と従業員の再訓練、施設面の改善・改修を行った結果、苦境を脱することができた。

1909年、ニューヨーク社交界に精通した国際派の林愛作が支配人に就いた。林は改修、模様替え、什器の拡充など設備面を改善するとともに、ホテル内に郵便局を設けて内外郵便、電信、為替など各種サービスの取り扱いを始めた。このほかにも、洗濯部を設置して、使用する布地製品類や宿泊客の衣料品などの洗濯をすべて引き受けたり、鉄道院と交渉して乗車券の委託販売を始めるなど、新施策を矢継ぎ早に実施し、ホテルの業績と評価を大きく好転させた。

外国人の急増に対応するため、1916年に米国人フランク・ロイド・ライトの設計による新ホテルの建設を決定したが、用地問題や物価の高騰、施工技師の選定などで着工までに3年余りを要した。この間、調理場の設計にはニューヨークのウォルドルフ・アストリアホテルに勤務し、料理を研究していた犬丸徹三が請われて、1918年、副支配人として着任した。

1923年9月、新ホテルの竣工、開業披露の準備中に関東大震災が起きた。しかし、設計の卓抜さに助けられ、被害は軽微であった。この年の4月に支配人に就任していた犬丸は、被災者に向けて宿泊料を無料にし、食料も提供した。各国の大使館や新聞社には事務所を提供して、公共的存在たるホテルの役割を果たした。また、有名な結婚式会場のほとんどが倒壊、焼失してしまったため、多賀大社を館内に分祀して「ホテル結婚式」に力を入れた。ホテル内で着付けから写真撮影、挙式、そして披露宴まで一貫で提供するサービスが評判になり、ホテルウェディングの先駆けとなった。

昭和初期、外貨獲得に向け、国をあげての国際観光振興の機運が高まるなかで、同社は多くのホテル建設に大きく関与した。そのひとつが、長野県が国からの融資で資金を調達、帝国ホテルが建設と運営を受託して、4カ月の突貫工事で1933年に生まれた本格的な山岳ホテル、上高地帝国ホテルである。

西洋に学び実践する

第2次世界大戦後、帝国ホテルはGHQ（連合国軍総司令部）の高官用宿舎として接収され、米国人の支配人の監督のもとで犬丸が社長を務める間接経営になった。焼夷弾と老朽化で荒れた建物はことごとくペンキで塗り替えられ、家具類も米国式に変えられた。

接収が解除されたのは1952年である。長い忍従の期間だったが、占領政策から得たものも多かった。6年半の間、全従業員が連合軍の将兵に接したことは、外国留学と同様の効果をもたらしたし、米国の衛生思想や予防の知識を詳細に学ぶこともできた。ほかにも、音楽や演劇といった芸能サービスの重要性など、ホテルのあり方について多くの教示を得た。

自由な営業を再開した後の帝国ホテルの業績は極めて順調に推移した。１９５２年のサンフランシスコ平和条約発効後は、外国人客の数はうなぎのぼりに増えた。観光立国を信念としていた犬丸のもと、１９５４年に米国式の第１新館を、１９５８年に日本風の第２新館を建設した。

第２新館地下のレストラン「インペリアルバイキング」は、画期的な料理の提供スタイルで話題を呼んだ。一定額の料金を支払い、好きな料理を取り放題で食べられるもので、北欧の代表的な伝統料理「スモーガスボード」をルーツとしている。帝国ホテルが開発したこのスタイルは、レストランの店名が普通名詞化して「バイキング」と呼ばれ、多くのホテルやレストランが追従した。

ホテルサービスの基本をつくる

１９６４年の東京五輪では、国際オリンピック委員会（ＩＯＣ）の本部ホテルとなった。選手村の食堂では、新館料理長の村上信夫が活躍した。村上が１９６０年のローマ五輪で、翌年視察団が米国で学んだ大量給食のノウハウを生かし、全国から集結した人材と協力して、延べ20万人・60万食分を提供した。このときに編み出した冷凍技術による食材の管理と料理への応用、電子レンジなどの調理機器を活用した大量調理法はわが国に調理革命を起こした。

1983年には第1、第2新館跡地に、地上31階のインペリアルタワーを竣工、開業した。高層部にホテル、中層部にオフィス、低層部にショップやレストランを配したことで、帝国ホテルは企業体力を強化した。

わが国の近代化への歩みと同じくし、130年間にわたって同じ名称、場所、業態で営業を続けてきた帝国ホテル。建物や内装、調度品をはじめ、宿泊や料理、飲料のサービス、文化的催しなどを通じて、海外の優れた文化や様式を定着させた。また、ホテル業界のパイオニアとしてアーケード(館内売店)やホテル結婚式、コーヒーハウス、シアターレストランなど、ホテルの営業における新しい形態を生み出し、都市型ホテルの基本形をつくってきた。そして何より、国際交流の舞台を提供し、海外諸国の要人たちと関係を結んできた。

帝国ホテルのシンボルマークである舵輪を操る百獣の王ライオンには、「国際的に最も優れたホテルの一つとして世界各国からのお客に最高のホスピタリティを」という願いが込められている。

〈参照社史〉『帝国ホテル百年史』(1990年)、『帝国ホテルの120年』(2010年)

帝国ホテルの歩み

１８８７年　有限責任東京ホテル設立
１８９０年　帝国ホテル開業
１９１０年　ホテル内にホテル初の郵便局開設
１９１１年　洗濯部、製パン部開設
１９２３年　米国人ライト設計による新館落成
１９３３年　上高地ホテル開業（３年後、上高地帝国ホテルに改称）
１９３６年　シャリアピンステーキがメニューに登場
１９４５年　取締役社長に犬丸徹三が就任
１９５３年　国鉄（現・ＪＲ）の特急列車「つばめ」号の食堂車経営開始
１９５８年　インペリアル・バイキング営業開始
１９６４年　東京オリンピック選手村食堂業務に携わる
１９８３年　インペリアルタワー開業
１９９６年　帝国ホテル大阪開業

森永製菓

相棒と拓いた菓子の新世界

CASE 50

新しいビジネスを成功させるためには何が必要だろうか。製菓業界の雄、森永製菓の創業者・森永太一郎にとってのそれは、優れたパートナーであった。

米国で菓子づくりを学ぶ

１８６５年、現在の佐賀県伊万里市に生まれた森永太一郎は、幼くして両親を失った後、陶器商の叔父の下で商人としての薫陶を得た。その後、大手陶器店で経営に携わっていたとき、経営が悪化した旧主から救援を懇願され、同店の商品を米国で売ることになった。１８８８年、24歳で単身米国のサンフランシスコに渡ったが、ほとんどの商品を叩き売るしかなく、売り上げを送金すると無一文となった。絶望のなかで出会ったのが西洋菓子だった。太一郎は西洋菓子づくりに賭けることにした。

農園の雑役や皿洗いなどの低賃金労働を転々としながらチャンスを待つ間、キリスト教と出会った太一郎は熱狂的なクリスチャンとなった。ようやく菓子工場に雑用係として雇われると、誰よりも働いた。やがてオーナーから評価されて菓子職人になると、人種差別に耐えてめきめき腕を上げ、菓子製法のほとんどを習得した。

米国で11年の修業を終え、1899年、35歳で帰国すると、現在の東京都港区にわずか2坪の工場を設け、キャラメルやマシュマロなどの製造卸売をスタートした。しかし、和菓子全盛の当時、どの菓子小売店からも相手にされない。PRのため、聖書の一節を大書きし、商品を並べた箱車をつくって売り込みを図った。初受注は開業2カ月後の15円。これをきっかけに銀座や横浜などに販路が開けた。ところが梅雨になると高温多湿のせいで傷んだ商品の返品が相次いだ。太一郎はすべて廃棄し、秋に新しい商品を無償で納品し直した。すると、信用は回復し、注文は以前の2～3倍に跳ね上がった。

運命の出会い

1903年、20代の若き貿易商、松崎半三郎が訪ねてきた。海外事情に明るく、服装はスマート。誠実さ、綿密さ、積極性を併せもっている松崎に太一郎はほれ込み、入店を強く要請した。松崎もまた、太一郎の情熱に惹かれ、1905年、営業面を担当する支配人として入店、ここに揺るぎない信頼関係による名コンビが実現した。

同社の評判が高まり、売れ行きが伸びるにつれて模倣品が横行し始めたことから、1905年、太一郎はロゴマークの「エンゼルマーク」を商標登録した。「エンゼル」は開業当初から作っていたマシュマロが米国で「エンゼルフード」と呼ばれていたことを参考にした。森永太一郎の「M」と「T」とを図案化したマークは内外に森永の名を浸透させる大きな原動力となった。

同社は「広告は投資」と、独創的で多彩な宣伝を展開した。1907年には、『時事新報』に全国180の特約店名と住所を記した全面広告を掲載した。10日分の生産高に匹敵する500円という大金を注ぎ込んだのだが、その効果は絶大で、全国から注文が激増、1カ月の売上高は7000円に達した。また、当時珍しかった自動車を購入、車体に商品名を大書して小売店に配送するとともに、この自動車を全国に出動させて宣伝したり、音楽宣伝隊を編成して市中をパレードしたりして大評判となった。

規模が大きく権威もある各種博覧会への出品にも力を注いだ。同社の代名詞ともなった黄色い箱のミルクキャラメル。太一郎が最初につくったのは1899年だが、バターやミルクの香りが強いうえに、梅雨になると傷みやすかった。しかし、太一郎には「キャラメルこそ西洋菓子のなかで一番売れるようになる」確信があった。そこで、当初バラ売りだったが一粒ずつ包装して十斤缶に、さらに品質改良を重ねて１９１４年に東京大正博覧会で20粒入りの紙箱を発売すると大人気を博した。１９１８年には日本初の原料カカオ豆から一貫製造のミルクチョコ、翌年にはミルクココアなど、新製品を次々に発売した。

一つずつ個装し、衛生管理と保存性が向上した太一郎らがつくる菓子は素晴らしい売れ行きを見せ、日本に西洋菓子を定着させた。外国からも注文が殺到、菓子輸出の先駆けとなった。１９１０年には株式会社化し、１９１２年には森永製菓に改称、名実共に近代企業へ変化を遂げた。

あらゆる人に届くように

菓子の販売ルートが確立していなかった大正時代、太一郎と松崎は１９２３年、全国主要地に専属特約店を結集した森永製品販売を創設、その傘下に卸、仲卸業者１５２の参加を得て森永会を結成した。また、全国の小売店を組織化して１９２４年森永共栄会を発足、さらにキャンデーストアーと名づけた直営店、直配のベルトラインストアーを張り巡らせ、販売網をつくり上げた。

１９２３年に起きた関東大震災の際、ほとんど被害がなかった同社は、菓子類6万袋、練乳1万５０００缶を被災者に配布した。１９３０年代にはスイートガールと名づけた女性が販売の第一線に立った。菓子の箱や包装紙のデザインも美しいものにして、日本を明るくし、元気づけた。第2次世界大戦末期の1944年には、日本陸軍軍医学校と共同で日本初の大量生産によるペニシリン「碧素《へきそ》1号」を完成させ、戦争で傷ついた人々を救った。

信念を貫徹して〝日本の西洋菓子の父〟となった森永太一郎と理想を追求して〝製菓業を産業化した〟松崎半三郎。二人の共通点はキリスト教の信仰が精神的要素となったこと、事業を私物化しない共存共栄の精神、事業の発展が社会に尽くす最大の任務という終始一貫した信念をもっていたこと、そして相互の信頼が揺るがなかったことであった。

製菓業者の地位向上、菓子業の隆盛に大きな功績を残した森永製菓。西洋菓子づくりを出発点に、その後、食品・冷菓・健康分野と事業を広げ、「おいしく、たのしく、すこやかに」を企業理念に歩み続けている。

〈参照社史〉『森永五十五年史』（1954年）、『森永製菓100年史』（2000年）

森永製菓の歩み

1899年　森永太一郎が東京・赤坂に西洋菓子製造所「森永商店」を創設
1905年　松崎半三郎が支配人として入店
　　　　エンゼルマークを商標登録
1910年　㈱森永商店設立（1912年森永製菓㈱と改称）
1914年　ポケット用紙サック入りミルクキャラメルを発売
1917年　原料確保のため、日本煉乳㈱を設立。乳製品事業の始まり
1918年　日本初となるカカオ豆からの一貫製造によるミルクチョコレート発売
1920年　ドライミルク製造開始（わが国粉乳製造の始まり）、翌年から発売
1923年　ビスケットの製造を開始
　　　　丸ビルに森永キャンデーストア開店
1935年　松崎半三郎が2代目社長に就任
1949年　森永乳業㈱、森永商事㈱設立
1956年　アイスクリーム事業に進出

中村屋

サロンを通じた文化交流が商品を生み出す

CASE 51

中村屋の歴史は1901年、相馬愛蔵、黒光《こっこう》夫妻により、東京大学正門前のパン店に始まる。独創性、堅実性、革新性、合理性を兼備した近代的精神に基づいた愛蔵の経営方針は、今でも商売の基本であり、十分に説得力をもつ。

居抜きで創業し発展途上だった新宿に移転

愛蔵は信濃国安曇郡（現・長野県安曇野市）の旧家の生まれ。東京専門学校（現・早稲田大学）に在学中、キリスト教界の元老押川方義《まさよし》、内村鑑三らから人格形成に大きな影響を受けた。妻の黒光（本名・良《りょう》。黒光は後年の筆名）は仙台の士族の生まれで、宮城女学校、フェリス和英女学校を経て明治女学校を卒業した新しき女性であった。二人は1897年に結婚、愛蔵の故郷である穂高で暮らした。愛蔵は著書を出版するほどの養蚕の専門家であり、禁酒運動、孤児院への援助、農村の子弟の教育にも打ち込んだ。しかし、インテリで都会的な黒光は農村の暮らしが合わず、健康を害してしまった。

1901年、二人は上京して商売を始める決意をしたが、経験はゼロ。思案の末、パンに目を付けた。3カ月間、毎日2食をパン食にし、その将来性を確信すると、新聞広告で店を求め、東京大学正門前のパン店「中村屋」を居抜きで購入した。当時、書生あがりのパン店が珍しく、繁盛していたこともあり、新聞にも取り上げられて話題となり、人気を博した。愛蔵が養蚕の仕事を続けていたので、創業から15年間、経営は黒光の双肩にかかっていた。

1909年、新宿に移転し、本店とした。屋敷町で得意先も多い千駄ヶ谷が移転先として最も有望と思われたが、愛蔵は「将来の発展を考慮すれば市内電車の終点が適地」と考え、当時はまだ場末だった新宿に決めた。

積極的な経営で逆境を飛躍の機会に

愛蔵は旧習にとらわれない近代的合理精神に基づく独自の経営理念を切り拓き、それを貫いた。「良品廉価」をモットーに、常に新しいものを売るため商品は控えめに製造した。正札《しょうふだ》販売（掛け値なしの値段で販売すること）を厳守し、日を限っての廉売はしなかった。また、「店の格（店の雰囲気や持ち味）を急に変えたりしてはならない」「お客が入りやすく、年中平均したにぎわいをもっていることが大切だ」を持論とした。顧客だけでなく従業員も尊重し、分け隔てなく接した。

大正末期から昭和初期にかけて新宿に開発の波が打ち寄せ、三越など大型店の出店が相次ぐと、愛蔵は百貨店の商法を分析し、対抗措置を編み出した。それは「無駄な経費を省くこと、働く人の能率を上げること」。そのために、繁閑の平準化を徹底し、少人数で営業している同社の店員のほうが百貨店に比べてはるかに多くの商品知識をもつ点を活かした接客に努めた。さらに営業時間を延長して21時閉店とし（従来は平日19時、日祭日17時）、延長時間の売り上げの5％を店員に特別手当として支給した。技術陣も強化し、各工場の職長に、それぞれの分野で日本一の評価を得ている技術者を招聘した。これらの積極策により、売上高は三越が進出してきた1925年と比べ、3年後には倍増、同社は大きく躍進した。

サロンを通じた相互作用が基盤をつくる

同社が際立つのは、社会と密接にかかわりをもったことだ。日本近代文化史上でもユニークなのは、明治末期から昭和初期にかけて相馬夫妻がパトロンを務め、後世「中村屋サロン」と呼ばれることになった、芸術家・文化人との交流である。きっかけは、穂高で黒光に出会って芸術への情熱に目覚めた彫刻家の荻原守衛《おぎわらもりえ》（碌山《ろくざん》）が1908年に米国、フランス留学から帰国して以降、頻繁に同社を訪問したのを機に、彼や相馬夫妻を慕って多くの人が集うようになったことだった。

画家の中村彝《つね》、鶴田吾郎、中村不折《ふせつ》、彫刻家の高村光太郎や戸張孤雁《こがん》、中原悌二郎、美術史家・歌人・書家の会津八一などが芸術談義を交わし、社会運動家の幸徳秋水《こうとくしゅうすい》、木下尚江《なおえ》、秋田雨《う》雀《じゃく》、婦人運動家の神近市子《かみちかいちこ》、女優の松井須磨子なども同社に出入りした。英語やロシア語にも堪能な黒光は、サロンの主人として、近代劇の育成や海外の歌劇の紹介などに尽力した。

特筆すべきは、危険をも顧みず行った人道的支援である。１９１５年の年末から3カ月半、インド独立運動の闘士、ラス・ビハリ・ボースを一家をあげてかくまった。翌年には、ロシア（現在のウクライナ）の盲目の詩人、ワシリー・エロシェンコを同社のアトリエに住まわせて援助した。１９１９年には三・一運動（朝鮮独立運動）の活動家、林圭《イムギュ》や朴順天《パクスンチョン》を保護・援助した。

そのような幅広い人脈や旅先で出合ったものがきっかけで、看板商品、ロング商品になったものが同社には少なくない。１９２１年にはロシアパンの製造・販売を開始、これに合わせて店員の制服をロシアの民族衣装であるルパシカに変更、ハイカラさが世間の注目を浴びた。月餅と中華まんは大正時代の末、夫妻が新商品の視察旅行で中国へ行った際に知って持ち帰り、日本人の口に合うよう研究・改善を重ねたものだ。

1927年、喫茶部（レストラン）を開設すると、カリーライスやボルシチをメニューに加えた。純印度式カリーは夫妻の長女、俊子と結婚したボースが勧めた料理、ボルシチはエロシェンコと出会って知ったロシアの代表的民族料理だった。

「己の生業《なりわい》を通じて文化・国家（社会）に貢献する」という精神で経営を行い、今日の土台を築き上げた創業者夫妻。120年以上の同社の社業の根底には常に夫妻の精神がある。

〈参照社史〉『中村屋100年史』（2003年）

中村屋の歩み

１９０１年　相馬愛蔵・黒光《こっこう》、東京・本郷の東京大学正門前でパン店「中村屋」を創業
１９０４年　クリームパン、クリームワッフルを創案、発売
１９０９年　新宿の現在地に移転。和菓子の製造・販売を開始
１９１５年　インド独立運動の志士、ラス・ビハリ・ボースを中村屋内にかくまう
１９２０年　洋菓子の製造・販売を開始
１９２３年　株式会社に改組、商号を㈱中村屋とする
１９２７年　喫茶部（レストラン）を開設。純印度式カリー、ボルシチを発売
月餅、中華まんなど新製品を相次いで発売
１９３７年　中村不折揮毫《ふせつきごう》「中村屋」の文字を商標登録
２００１年　レトルト食品で市販市場に参入
２０１１年　中村屋本店、建て替えのため閉店
２０１４年　本店跡地に商業ビル「新宿中村屋ビル」オープン
３階に「中村屋サロン美術館」を開設

CASE 52

日本水産

水産資源から多様な価値を創造

明治維新後、日本の産業は新政府による政策で急速な近代化を遂げた。そのさなかに生まれた日本水産は、海の恵みをできるだけ新鮮な状態で食卓に届けたいという思いのもと、水産業を引っ張ってきた。

漁船の機能を高める

山口県に生まれた田村市郎《いちろう》は漁業の将来性に着眼して、１９１１年に下関市で、英国留学帰りの国司《くにし》浩助《こうすけ》を責任者とする田村汽船漁業部を設立した。これが日本水産の始まりである。田村が始めたトロール（底引き網）漁業は当時のブームで、トロール船は国内に１３９隻を数えた。だが、乱獲による漁場の荒廃や政府の規制強化で、トロール漁業は苦境に陥っていった。第１次世界大戦が勃発すると、トロール船は機雷を除去する掃海艇などに転用されたため、船価が暴騰、漁業者たちは持ち船を次々に売却した。このような状況でも、田村汽船漁業部は非売船主義を貫いたため、大戦末期から終戦直後にかけて魚の価格が高騰したときに、競争船なき海を自由に操業することができた。

１９２０年には民間初の水産研究機関「早鞆《はやとも》水産研究会」を設置した。民間のトロール船として初めて本格的ディーゼルエンジンを搭載した「釧路丸」の竣工、船内急速冷凍装置の開発など、新技術導入でトロール漁業に革命をもたらした。

加工技術を磨く

１９２９年、同社は福岡県戸畑に漁業、製氷、冷蔵冷凍、加工、流通、販売の機能が集約された総合漁港を建設し、拠点を下関から移転した。戸畑漁港はトロール船の新たな拠点になるとともに、消費地に向けた水産物供給拠点として体制を整えた。

１９３４年、同社は日本鉱業（現・ジャパンエナジー）や日立製作所などを中核企業とする財閥である日産コンツェルンに参画し、水産業の経営合理化のための傘下各社の合併を実行した。漁業部門（トロール漁業、以西底曳網事業、母船式カニ事業、母船式捕鯨事業、近海捕鯨業など）、加工部門（製氷、冷凍、冷蔵事業ならびに水産加工業）、販売部門、投資部門の４部門を持つ総合水産会社となり、１９３７年、社名を日本水産に変更した。

太平洋戦争の勃発後、水産統制令により、陸上部門（製氷・冷蔵部門と販売部門）を帝国水産統制（現・ニチレイ）へ譲渡し、日本海洋漁業統制となった。しかし戦争により在外資産のすべてと所有船の83％を失い、１９４５年に終戦を迎えたとき、残った船舶は老朽船だけだった。加えて過度経済力集中排除法の指定や漁獲の規制も受け、公職追放令で経営幹部が追放されて、戦後の復興は困難を極めた。

１９４６年、ＧＨＱ（連合国軍総司令部）から南氷洋捕鯨の許可を受けると、タンカー「橋《はし》立丸《だてまる》」を捕鯨母船（クジラの解体加工設備を有する大型船）に改造、１９５０年には沈没していた捕鯨母船「第三図南丸《となんまる》」を引き揚げて改修、両船は南氷洋に出漁した。１９５２年には、太平洋北部での北洋漁業が再開、サケ・マス漁業の船団が函館から出航した。１９５５年には、母船式カニ漁業も再開された。

食品加工の分野にも進出した。１９４６年にちくわの生産を再開、１９４７年にはフィッシュソーセージの開発に着手、１９４８年には缶詰生産も再開した。そして１９５０年代後半、冷凍食品の生産を本格的に開始した。

１９６０年北洋漁場で水揚げ量の多いスケトウダラに着目し、洋上ですり身にして冷凍貯蔵できる技術の研究に着手、１９６７年冷凍工船「敷島丸」をすり身工船に改造して出漁した。

業界を襲う荒波に立ち向かう

戦後の復興が進む一方で、南氷洋での捕鯨制限や北洋でのサケ・マスの漁獲制限など新たな問題が発生、規制は年々強化されていった。こうしたなか同社は１９５９年、「体質改善５カ年計画」に着手、漁労事業、加工事業、海運事業を３本柱にすえ、漁船を含む船舶や工場の設備を拡充した。例えば、加工事業では東京に大型の冷凍工場と加工場を新たに建設するなど、全国各地に工場を建設する大型投資を行った。海運事業では、タンカーや運搬船を建造して、鉄鋼メーカーや海運会社に10年以上にわたって貸し出すビジネスを展開、収益の安定化を目指した。「体質改善５カ年計画」により、生産能力を大幅に拡大、売上高も計画策定前と比べて８割以上増加した。

１９７７年、米国とソ連が沿岸から２００海里までは他国が自由に漁業できない水域とする「２００海里漁業専管水域」を設定した。海に面している多くの国が追随したため、遠洋漁業を巡る状況が一変、日本の漁船は世界の漁場から撤退を余儀なくされた。同社は自社漁労以外の水産資源を確保するため、海外合弁事業や貿易事業、水産物買い付け事業に力点を置いたが、業績は低迷した。しかし、この頃青魚に含まれるＥＰＡ（エイコサペンタエン酸）を原料とした医薬品や栄養補助食品の研究開発に着手し、後にファインケミカル事業へと開花した。

1996年にビジネスの仕組みを抜本的に見直し、事業の選択と集中に着手した。基幹事業や国内のグループ企業の整理統合を進めた結果、利益体質構築を実現した。2001年から「創業の理念」を経営の中核に定め、水産物を世界のマーケットへ届ける「グローバルリンクス」構築に着手し、今日の日本水産の基盤を確立した。

水産業は世界の激動に振り回されてきた。漁獲にはさまざまな制約があるうえ、気候変動・生態系の変化による水産資源の枯渇、資源保護の動き、世界的な需要拡大による激しい争奪戦など多くの課題がある。このような環境下で、日本水産は世界中の人々に新鮮な水産物を届け、健康で豊かな生活の実現に貢献しようと努力を積み重ねている。

2022年12月、社名を株式会社ニッスイへ変更。水産という特定の事業を表現した社名から、長年親しまれた呼称「ニッスイ」を社名として、健やかな生活とサステナブルな未来を実現する新しい「食」を創造していく。

〈参照社史〉『日本水産の70年』(1981年)、『日本水産百年史』(2011年)

日本水産の歩み

1911年　田村市郎が田村汽船漁業部を山口県下関に創業
1919年　共同漁業㈱に組織変更
1920年　民間初の水産研究機関「早鞆水産研究会」を設立
1921年　日本チクワ製造所を設立
1929年　福岡県戸畑に総合漁港を建設
1934年　日産コンツェルンに参画
1937年　日本水産㈱に社名変更
1943年　帝国水産統制㈱に製氷・冷蔵、冷凍設備を譲渡、日本海洋漁業統制㈱となる
1945年　社名を日本水産㈱に戻す
1952年　フィッシュソーセージの本格的生産を開始
1958年　冷凍食品の本格生産開始
1966年　本社を東京都千代田区、日本ビルに移転（2014年港区西新橋に移転）
1977年　捕鯨部を廃止。コーポレートブランドマークを統一

TOTO

水まわりの快適を追求

CASE 53

毎日必ずといってよいほど目にする「ＴＯＴＯ」のマーク。わたしたちの暮らしを支える機器の裏側には、数々の難局を乗り越え、技術とデザインを磨き続けてきたものづくりの姿勢がある。

衛生陶器の普及に尽力

１９１７年5月、福岡県の小倉（現・北九州市）に東洋陶器が設立された。陶業・貿易業界の草分けである森村組の中核、日本陶器（現・ノリタケカンパニーリミテド）の衛生陶器部門が分離したのである。

１９２０年には、日本初となるドレスラー式トンネル窯（連続焼成窯）をつくり、技術革新の先鞭《せんべん》をつけた。当時は食器、衛生陶器共に需要が少なかったので赤字経営だったが、

1923年に起きた関東大震災の復興需要によって業績は好転した。その後、昭和恐慌で低迷すると、資本・組織・生産・従業精神・販売の5分野にわたる企業体質の強化を図った結果、需要・輸出とも次第に伸長して、1935年〜37年には戦前の最盛期を迎えた。

第2次世界大戦後、東京都内のビル・高級住宅・ホテルを次々に接収したGHQ（連合国軍総司令部）が、トイレを水洗にする、和風便器を腰掛け便器に取り替えるなど、水まわりの完備を強く要請した。また、便器の末端には水栓の取りつけを義務づけた。同社はGHQからの特需に応え、1946年に水栓金具の生産を開始、再建への足掛かりをつかんだ。

1954年、同社は近代化のための5カ年計画をスタートし、衛生陶器工場の近代化、金具工場の増設、東京・大阪営業所の改築、九州営業所の博多進出などを進め、日本の住宅設備機器業界をリードした。1955年以降、日本住宅公団が建設した住宅団地への腰掛け便器の納入や下水道の整備、ホテルやビルの建設などにより、衛生陶器の売り上げは急拡大した。

前後して1952年から、当時の新材料であるプラスチックを研究し、水まわりにおける多彩な商品展開を図った。その一つが強度に著しく優れ、建造材としての特性を有するFRP（ガラス繊維強化プラスチック）製の浴槽である。1958年、「トートライトバス」の名で発売した。

オリンピックを飛躍のばねに

１９６３年４月、大成建設が17階建て、収容人員１８４３人というわが国初の超高層マンモスホテル、ホテルニューオータニの建設に着工した。翌１９６４年10月に開かれる東京オリンピックに間に合わせるためには、工期が17カ月しかない。最も面倒な水まわり工事が手工業的な従来工法ではとても間に合わない。大成建設から依頼を受けた同社はプラスチック製造、設計、技術、デザインの各部門が一丸となって、浴槽、トイレ、洗面台などを工場で一体成形して製造し、これを現場で取りつける「ユニットバスルーム」をつくりあげた。２時間に１室というハイスピードで１０４４室の浴室を完成させた新工法のおかげで、竣工は予定よりも１カ月早まった。軽量でメンテナンスしやすい、しかも美観に優れるといった特長をもつ日本初のユニットバスルームだった。高価格のため、当初は高級なホテルやマンション向けだったが、コストダウンの努力や施工の合理化により、一般的なホテルや１９６０年代半ば以降増えたマンションで導入され、一気に普及していった。

陶器業のイメージから脱却し、より大きな市場を目指した同社は、住宅をはじめとする建築設備機器の総合メーカーへと転身を図った。１９６９年には「ＴＯＴＯ」を商標に、１９７０年には社名を東洋陶器から東陶機器に改めた。

水不足が深刻化した1973年、同社は節水型便器の開発に着手した。実験用に建設した6階建てのビルは、便器から下水道にいたるまでの模型排水装置に透明な樹脂管を採用した。代用汚物の搬送状態が外部から見えるようにしたのである。あらゆる角度からのテストと検討を重ね、1976年に節水消音便器「CSシリーズ」を発売した。

革新を日常に

第1次石油危機後、同社は経営体質の強化、収益力の向上に取り組んだ。量ではなく付加価値を追求し、商品の複合化・多機能化・エレクトロニクス化・ユニット化を目指した。

1980年に発売した温水洗浄便座「ウォシュレット」は異例の大ヒット商品となった。1969年に発売した前身「ウォッシュエアシート」をベースに、デザイン、座り心地、洗浄角度、温度、水勢など最適な洗浄条件を探り、またエレクトロニクス技術を採用するなど、徹底的な改良の末に誕生した革新的な製品である。

最大の難関は、水と電気という異質なものの融合であった。悪戦苦闘の末、電子制御のメカニズムを採用し、洗浄・乾燥・暖房の三つの機能をICと温度センサーを使って調節する技術革新が生まれた。既に設置されている便座を取り替えるだけなので、増改築キャンペーンの格好の戦略商品となった。「おしりだって洗ってほしい」など秀逸なコマーシャルも、製品の名を全国に広めた。一連の取り組みは「トイレ革命」とまでいわれた。

ウォシュレットのヒットは社内の商品開発に大きなインパクトと勢いを与え、１９８５年発売の洗髪用洗面化粧台「シャンプードレッサー」、１９８６年発売のシステムキッチン「ザ・キッチンシリーズ」など、市場をリードする新商品が相次いで誕生した。

海外に目を転じると、１９７７年にインドネシアで合弁会社を設立、これを皮切りに、アジアを中心に技術供与、直接投資、合弁会社の設立などに乗り出した。２０２２年末現在、海外拠点は27カ所に上る。

キッチン、トイレ、浴室、洗面所など水まわりを中心とする住宅機器の総合メーカー、ＴＯＴＯ。革新の連続で世界中の生活水準の向上に貢献しつつ、さらなる発展を目指して、挑戦を続けている。


〈参照社史〉『東陶機器七十年史』（１９８８年）

TOTOの歩み

１９１７年　福岡県小倉に東洋陶器㈱を設立、衛生陶器、食器の製造を開始
１９３７年　神奈川県に茅ヶ崎工場竣工（衛生陶器）
１９４６年　水栓金具の製造を開始
１９５８年　樹脂製の浴槽「トートライトバス」発売
１９６４年　ホテルニューオータニに「ユニットバスルーム」を納入
１９６９年　「ＴＯＴＯ」を商標に
１９７０年　東陶機器㈱に社名変更
１９７６年　節水消音便器「ＣＳシリーズ」を発売
１９７７年　インドネシアに合弁会社設立
１９８０年　温水洗浄便座「ウォシュレット」を発売
１９８７年　茅ヶ崎工場に商品研究所完成
１９８８年　トイレ用擬音装置「音姫」発売
２００７年　ＴＯＴＯ㈱に社名変更

CASE 54

象印マホービン

温もりのある生活を演出する

明治時代末期、ドイツから日本に輸入されてきた魔法瓶に魅せられた人物がいる。兄と二人三脚での起業は、炊飯ジャーや電気ポット、ステンレスボトル、弁当箱など、数々の生活必需品を送り出す大企業を生み出した。

家庭に定着する製品づくり

大阪で電球をつくっていた市川金三郎は、真空技術を駆使する電球と魔法瓶の中瓶の技術に通じるものを見出し、1918年、兄・銀三郎と市川兄弟《けいてい》商会を創業して中瓶の製造を開始、5年後には魔法瓶の組み立ても始めた。当時、魔法瓶の主力市場は中国や東南アジアだったことから、製品の9割が輸出された。生水がそのまま飲めない地域に駐留・移住した欧米人にとって、沸かしたお湯を保存できる魔法瓶は生活必需品だったのである。

他方、日本では製品の価格が高いことと、水質が良いことからなかなか売れなかった。市川兄弟は商標に「賢く、力強く、寿命の長い」を連想させる動物の象をマークに採用して製品のイメージアップを図り、国内での普及に努めた。

１９４８年、市川兄弟商会を解消し、協和製作所を設立した。戦前、魔法瓶はレジャーや旅行など携帯用がほとんどだったが、１９５２年に社長の座に就いた銀三郎の長男・重幸の「日用品として家庭で使うなら卓上型が最適」という考えから発売した卓上用ポット「ポットペリカン」は、ロングセラーとなった。

１９５３年、魔法瓶の技術を生かし、ごはんをおいしく保温するガラス保温ジャー「エレファントヂャー」を発売、この年、社名に魔法瓶を入れ、「協和魔法瓶工業株式会社」に社名変更した。１９６１年には、テレビＣＭなどで認知度の高まった商標「象印」に合わせ、また、堅いイメージの「魔法瓶」をカタカナにして合わせた「象印マホービン」に改称した。この頃の好景気と生活水準の向上で、ポットやジャーなどの魔法瓶類は家庭に定着していった。当時、ポットの蓋《ふた》といえばコルクが主流だったが、これをプラスチックにして、傾けるだけでお湯を注ぐことができる自動開閉蓋（オートフラップ構造）を採用した卓上魔法瓶「ハイポットＺ型」や花柄を印刷した製品が、記録的ヒットとなり、同社は業界トップへと飛躍した。

アイデアと改善で高まる存在感

１９７０年代に入ると、同社は大阪本社ビルと滋賀工場を完成させるなど積極的に投資を行う一方、電気で加熱と温度制御を行う電子ジャーの開発も進め、ガラス製品メーカーから電機メーカーへと大きく舵《かじ》を切った。１９７０年に業界初の「電子ジャー」を、１９７４年には炊いて保温する「電子ジャー炊飯器」を発売、いずれも爆発的な売れ行きとなった。魔瓶のカテゴリーにおいても、プッシュボタンでお湯が注げるエアーポット「押すだけ」や、ステンレスボトル「タフボーイ」などが次々とヒットし、売り上げは急増した。

１９８０年代に入ると、タイに生産会社「ユニオン象印」を、米国に販売会社「米国象印」を設立するなど、海外での生産や販売を積極的に展開していった。韓国の韓一家電（現・ノヴィタ）と調印した炊飯ジャーに関する技術供与契約は、同社にとって初の技術輸出となった。１９８６年からはコーポレート・アイデンティティー（ＣＩ）戦略を推し進め、新しいロゴマーク「ＺＯＪＩＲＵＳＨＩ」を導入した。同年、大阪証券取引所第2部に上場を果たした。

１９９６年、同社は圧力ＩＨ炊飯ジャー「極め焚き」を発売した。「標準米でもブランド米のおいしさ」を追求し、高圧力でも安全性と操作性向上を両立した製品で、「圧力は美味しい」と評判になり、たちまち人気シリーズとなった。その後も改善を重ね、２０００年には圧力制御装置が日本発明振興協会の第25回発明大賞で「考案功労賞」を、圧力ＩＨ炊飯ジャー自体が日本電機工業会の電機工業技術功績者表彰で「発達賞」をダブル受賞した。高級感漂うものから割安感が実感できるものまで製品のバリエーションを増やしたことで販売台数が急増、全世界へ向けた累計販売台数は、２００４年には１００万台を突破、２０１８年11月には５９５万台を記録した。

生活に密着しているからこそ

21世紀に入ると、同社は「日常生活発想」をスローガンに生活者のニーズを反映した多彩な製品に向かった。

２００１年には、ＮＴＴドコモ関西（現・ＮＴＴドコモ関西支社）と富士通などから支援を得て「ｉポット」を製造した。携帯電話の通信ネットワークを活用してポットの使用状況を外部に知らせる製品で、同社は高齢者の暮らしを見守る「みまもりほっとライン」サービスを展開している。家電製品がインターネットとつながるＩｏＴ機器の先駆けといってよいだろう。

２００６年にはステンレスボトルの携帯で、缶や紙コップ、ペットボトルなどのゴミの廃棄を抑えるという、エコなライフスタイルを提案した「マイボトルキャンペーン」、２００８年には創業90周年を記念した「まほうびん記念館」の設立をはじめ、社会の発展に貢献するきめ細かな活動を展開している。

その一方で、除湿乾燥機、食器洗い乾燥機、ジューサーなどでリコールが相次いだことから、「品質保証体制最適化プロジェクト」の展開、20人以上の専任スタッフを配置したコールセンターの開設、スピードと誠意あるアフターサービスの実現など、抜本的な改革に取り組んだ。2012年に発売した、マットもホースもないふとん乾燥機「スマートドライ」には、リコールの教訓が受け継がれている。誤った使い方や子どものいたずらまでを想定して安全設計を見直した結果、製品が完成間際だったにもかかわらず、ヒーターの仕様を見直し、自己温度制御タイプに交換したのである。

2018年に東証第1部に指定替えとなり、創業100周年を迎えた象印マホービン。国や地域を問わず同じ品質の製品・サービスを提供する「One World, One Brand, One Quality」で国際化を加速するとともに、最先端の技術を活用しながら、使う人に寄り添った製品やサービスを提供するチャレンジを続けている。


〈参照社史〉『象印マホービン株式会社100年の歩み』(2019年)

象印マホービンの歩み

1918年　大阪に市川兄弟商会を創業、魔法瓶の中瓶製造を開始
1923年　マホービン完成品の製造を開始、象をトレードマークに
1948年　市川兄弟商会を解消し、㈱協和製作所を設立
1953年　協和魔法瓶工業㈱に社名変更
1961年　象印マホービン㈱に社名変更
1967年　卓上用まほうびん「UポットUA型」発売、花柄がブームに
1970年　大阪に本社ビル、近江八幡市に滋賀工場が完成
電子ジャーを発売
1973年　エアーポット「押すだけ」を発売
1981年　ステンレスボトル「タフボーイ」を発売
1986年　タイに生産会社「ユニオン象印」を設立
1987年　米国に販売会社「米国象印」を設立
1996年　圧力IH炊飯ジャー「極め炊き」を発売

CASE 55

ニチバン

あらゆるシーンに密着する研究開発

どの職場や家庭にもある「セロテープ®」。そのメーカーであるニチバンの事業は、絆創膏《ばんそうこう》貼り薬の製造・販売から始まった。

GHQが認めた技術力

1918年、東京南品川(現在の東京都品川区)で、薬剤師の歌橋憲一《うたはしけんいち》が歌橋製薬所を創立、硬膏《こうこう》や軟膏《なんこう》などの生産を開始した。

次にゴムの絆創膏「リボン印歌橋絆創膏」の販売を開始した。しかし、ゴムの劣化により、粘着面が溶けてべたつくという難問が発生。大量返品されて、歌橋製薬所の存立にかかわる大事となった。ところが、1923年、関東大震災後の救急用に陸軍の医薬品を管理する部署からゴムの絆創膏をすべて買い上げる注文があって、過剰なストックは一挙に解消した。

その後、さまざまな絆創膏を製造・販売して業界を代表するメーカーに躍進した同社は、1934年、株式会社に改組、鎮痛剤貼り薬の製造を開始した。

第2次世界大戦が勃発すると、経済統制・企業整備が進み、1944年には全国24の絆創膏の製造業者と統合して、日絆工業となった。

戦後はいち早く生産ラインの復興整備に取り組み、1947年半ばには生産を開始した。その直後、検閲後の私信の封緘《ふうかん》に多量の粘着テープを必要としたGHQ（連合国軍総司令部）から「米国のスコッチテープと同じような製品をつくってほしい」という注文が入り、わずか3カ月でつくり上げた。

GHQに納入を続けながら品質改良に努め、セロハン粘着テープの量産を可能にした同社は、新製品「セロテープ®」の市販を開始、1948年には商号を日絆薬品工業と改称した。

また、戦前から生産していた「紙粘着テープ」は戦後復興とともに従来の包装用に加え、塗装マスキング用や電気用として、綿布に塩化ビニールを塗り付けて防湿・防水・耐薬品性を備えた「布粘着テープ」は梱包用として、広く普及した。1948年に発売した「ニチバンQQ絆創膏」は、絆創膏の中央にガーゼを添付し、荒く平織に織り込んだ布で覆い、一枚ずつ防湿セロハンで包装したもので、現在の救急絆創膏の原点となった。商品名「QQ」は救急をもじったものだ。

高度経済成長下、同社は設備拡充と製造技術の開発に取り組み、ポリエステル、ポリエチレン、塩化ビニール、アセテートなど、新しい基材に粘着剤を塗り付けたテープを次々に発売した。また、1952年に発売した「テープカッター」は当初から素晴らしい売れ行きを示し、テープ需要の拡大に大きな役割を果たした。1961年、社名を「ニチバン」に改称した。

医療現場を変えた新製品

1970年代に入ると低成長に移行、激変の時期となった。独占的な太平の時代を謳歌《おうか》してきた同社は、変化する時代への対応に後れを取り、倒産の危機に直面するほどの苦境に陥ったため、1976年、大塚グループの一員である大鵬薬品工業と資本提携して、薬品類の共同研究開発、販売網の拡充・強化を図った。

1970年前後まで、医薬品・医療用品の新製品は海外からの導入品・既存品を市場のニーズに合わせて改良したり、新用途の開発に向けられたりしたものが多かった。しかし、開発体制の整備に伴って自社開発製品のウェートが徐々に増し、後に主力となる医薬品が発売されるなど、資本提携の成果が出てきた。

うおのめ・たこなどの治療薬として戦前から生産していた日本薬局方サリチル酸絆創膏「コーンプラスター」は、戦後「スピール膏」へと名称を変更、1973年には患部の大きさに合わせて製剤をカットする必要がない、手軽な「スピール膏」（円形打ち抜きタイプ）に進化した。1975年には傷口にくっつかない特殊パッド付き救急絆創膏「オーキューバン」を発売した。

1980年代になると病院市場への積極的な活動を展開した。1986年には、医者のニーズに対応して、傷口の保護で皮膚を覆うのに使われる透明なフィルム「カテリープ」を発売した。1989年には、採血や予防接種などの後に行う圧迫止血に看護師が付き添う手間を解消するために、止血用パッド付き絆創膏「インジェクションパッド」を発売。さらに1992年に、パッドに厚みをもたせ、伸縮性のあるテープを用いて止血効果を高めた「ステプティ」を開発、医療現場の負担を軽減した。

1990年に開発した「ロイヒつぼ膏™」は、こりや痛みがある箇所に貼る丸型鎮痛消炎剤で、当時冷感タイプ中心の市場に打って出た温感タイプであった。

基幹技術の応用で高まる存在感

同社は粘着技術を基盤にして各分野に領域を広げ、独自製品の創出に力を注いだ。農業分野にも挑んだ。野菜の結束には従来、わらや輪ゴムなどが使われていたが、手間がかかるうえ、野菜を傷つける。テープ同士はくっつくが野菜にはくっつかない——3年の歳月を要して完成したのが1978年に発売した野菜結束機「たばねら™」と「たばねら™テープ」だ。

工業品では、自動段ボール封函機「SEALY」、値札用ラベル貼り機「Sho-Han™」などを発売、各地の包装展などで話題を呼んだ。Sho-Hanは商売繁盛から発想したネーミングだ。

文具・事務用品では、貼っても目立たず、テープの上から文字が書ける「メンディングテープ」、「クイパック（荷づくりバンド）」、「荷づくりテープ」、インデックスなどで使われる「マイタックラベル」などを次々と発売した。

粘着テープおよびその応用技術の研究開発により、ヘルスケア製品、医療用品、産業向け製品、文具・事務用品へと発展を図ってきたニチバン。その製品は、わたしたちの生活に不可欠なものばかりである。

〈参照社史〉『ニチバン80年史』（1999年）

ニチバンの歩み

1918年 東京・南品川に歌橋製薬所を創業、絆創膏類、軟膏・硬膏類の製造を開始
1934年 ㈱歌橋製薬所に改組、鎮痛性貼り薬の製造を開始
1944年 企業整備令により全国24の絆創膏製造業者と統合、日絆工業㈱となる
1947年 セロハン粘着テープの試作に着手
1948年 商号を日絆薬品工業㈱に変更。「セロテープ®」の市販開始
1961年 商号をニチバン㈱に変更
1966年 両面テープ「ナイスタック™」発売
1975年 パッド付き救急絆創膏「オーキューバン」を発売
1976年 大鵬薬品工業㈱と資本提携
1978年 野菜結束機「たばねら™」および野菜結束テープ「たばねら™テープ」発売
1983年 粘着メモ「ポイントメモ™」発売。中央研究所を開設
1989年 鎮痛消炎貼付剤「ロイヒつぼ膏™」発売
1997年 救急絆創膏「ケアリーヴ™」発売

ワコール

美を追求する世界企業

CASE 56

第2次世界大戦終戦後間もなく、日本人女性の洋装化を確信したワコール創業者の塚本幸一は、「苛烈な戦争から奇跡的に生還したこの命を、新しい日本創造の一助にしたい」と立ち上がった。

卸商からメーカーへ移行

1946年6月15日、一人の復員兵が京都駅に降り立った。25歳の塚本幸一である。「近江商人の士官学校」といわれた八幡商業学校出身の塚本は、その日のうちに女性用アクセサリーの卸商を始めた。商売は順調だったが、アクセサリーはやり廃りが激しく、大きな飛躍は見込めない。世界的企業を目指していた塚本は、米国の通販会社、シアーズ・ローバックのカタログにカラー刷りの女性下着が多数載っているのを見て、女性下着の市場の大きさを察知し、取扱商品を繊維に切り替えた。商標は「クローバー印」。

その後出合った二つの商品が、大きな転機をもたらす。一つ目は1949年8月、京都の発明家が考案した「ブラパット」である。針金をらせん状に巻いて綿と布をかぶせただけの物だったが、一目でその商品価値を直感した塚本は、発明家と独占販売契約を結んだ。バストを形よく見せることで洋服の着映えがするブラパットは、すぐに完売した。その結果を受け、同年11月、塚本は資本金100万円、従業員10人の和江商事㈱を設立した。社名には、「〝江〟すなわち大きな河の流れを世界のファッションの潮流に見立て、その一番大きな流れに和(ハーモニー)する」という意味を込めた。

ただし、当初ブラパットには問題があった。着替えるたびに服の裏に縫い付けなくてはならなかったのだ。改善策として考案したのが、日本初の「裏ポケット付きブラジャー」である。洋裁についての知識もなかった塚本が見よう見まねで完成させたこのブラジャーをブラパットとセットにすると、売り上げがぐんと伸びた。この取り組みは、商品を自ら作る製販一体体制への移行のきっかけともなった。

二つ目の商品はコルセットである。当時、暖房は火鉢とこたつ程度であり、体全体を覆う着物のほうが暖かかった。女性は冬になると和服に衣替えしたため、ブラパットの売り上げに急ブレーキがかかり、資金が底をつきかけた。事態打開のために訪れた東京の下着メーカーの半沢商店でコルセットを見かけた塚本は、ブラパットとの交換をもちかけて成立させる。1950年のことだ。現金を要さずに仕入れたコルセットは、起死回生の大ヒットとなった。

情報発信と商品の啓蒙活動による下着革命

1950年10月に高島屋京都店に商品を納入したのを手始めに、全国に取引を拡大していった。しかし、テレビも普及していない時代である。ブラジャーやコルセットはまだまだ世間に知られていなかった。PRの決め手になったのが、大阪の阪急百貨店で開いた「下着ショウ」だった。男子禁制の会場でモデルが次々と着衣していくこのショウはたいへんな評判となり、各地の百貨店でも開催されて、洋装下着の認知度は上がった。併せて、雑誌への広告掲載を加速した。洋装下着の意義や着用の仕方などを解説した独自の啓蒙記事により、消費者の洋装下着への注目は高まり、1950年代半ばには「第一次下着ブーム」が訪れた。

1952年4月に月商1000万円を超えた同社は、翌年に商標を、1957年には社名も「ワコール」とした。和江の名を留める、という意味の「和江留」を英語風にアレンジしたものだ。

1950年代末までにブラジャーの普及率は相当上がったが、当時の製品には改善の余地が大きかった。人間の体が立体的で動く肉体であることの再認識から、同社では製図について本格的検討を始め、シルエット分析を基に立体製図で「ベルフラワーブラ」と「サンフラワーブラ」(1961年)を作り上げた。1964年に製品研究部(現・人間科学研究所)、1984年には中央研究所を設置して体型研究を進化させる。伸縮性と回復力がある新素材のスパンデックスを使った「タミーガードル」(1965年)、多様化や個性化の流れに乗った「シームレスカップブラ」(1972年)や「フロントホックブラ」(1978年)、ガードルでもショーツでもない「シェイプパンツ」(1981年)など、機能性・実用性を重視した同社の製品は女性の心をつかみ、どれも大ヒットして下着革命を起こした。

女性の一生に寄り添った事業展開

1970年には韓国、タイ、台湾に合弁会社を設立し、海外進出への第一歩を踏み出した。1981年、米国に現地法人を設立、1983年には香港に現地法人を設立したほか、日本のアパレル企業として初めて中国に合弁会社を設立した。2022年現在、同社の拠点は、世界21カ国44社となっている。ここまで海外展開が進んだのは、塚本が1949年の和江商事㈱設立時に世界企業確立までのビジョンを描いた「十年一節50年計画」を、同社が着実に実行した結果である。

1987年6月に新社長に就任した塚本能交《よしかた》(幸一の長男)は、〝脱下着〟〝拡下着〟を志向して、「からだ文化産業」を基本理念に経営の多角化を進めた。同社の事業領域は下着だけにとどまらず、スポーツウエア・水着、ユニフォーム、ブライダルウエア、シューズ、化粧品など、女性市場を核にして拡大している。さらに、女性の一生を一つのストーリーとしてとらえ、１９９６年にはスウェーデンハウス社と提携した住宅事業に参入したほか、飲食・文化・サービスおよび店舗内装工事などの新事業にも挑戦している。

終戦直後、ブラジャーやコルセットといった女性洋装下着の需要が飛躍的に拡大することを確信した塚本幸一。その事業は社会や文化に影響を与えながら、大きく花開いた。１９６４年、株式上場に際して、塚本は「世の女性に美しくなってもらうことによって、広く社会に寄与することこそ、わが社の理想であり目標であります」と挨拶をした。この言葉は、昔も今も変わらない同社の目標になっている。

〈参照社史〉『ワコール50年史』（「ひと」「こと」「もの」3冊）（１９９９年）

ワコールの歩み

１９４６年　塚本幸一が京都でアクセサリーの卸商を個人創業
１９４９年　和江商事㈱を創立。「ブラパット」発売
１９５３年　商標を「クローバー」から「ワコール」に変更
１９５４年　企画宣伝課設置、本格的な下着の宣伝開始
１９５７年　社名をワコール㈱に変更。ワコール販売㈱を設立
１９６４年　ワコール販売㈱合併により、㈱ワコールに社名変更
１９７０年　大阪万国博覧会に出展、知名度の向上を図る
　　　　　　海外進出を実現（韓国、タイ、台湾に合弁会社設立）
１９７５年　ウイングブランド販売開始
１９７９年　創立30周年。商標をファッションフラワーに変更
１９８１年　米国に現地法人設立
１９８７年　塚本能交が社長に就任
２００５年　会社分割による持株会社体制に移行

積水ハウス

大量生産を実現した常識破りの家づくり

CASE 57

住宅建築の常識を一変させたのが、戦後登場したプレハブ住宅である。前もって工場でつくった金属製や樹脂製の部材を現場で組み立てるという、従来とは材料も工法もまったく違う住宅建築の新領域を切り拓く過程は、けっして楽なものではなかった。

難しかった商品化

積水ハウスの源流は、1947年3月に創業した積水産業（現・積水化学工業）である。新素材であったプラスチックの総合的事業化を目指していた同社は当初、セロハンテープやバケツといった日用雑貨を製造していたが、雨樋《あまどい》、波板、壁材、床材などの建築資材開発を進めるなかで、新規市場として「建築」に食指を動かしていた。そんなとき、建材事業部の技術者が米国の雑誌に掲載されていた「House of the Future」と題する記事に目を留めた。ディズニーランドに建てられたオールプラスチック製の実験住宅が紹介されていたのである。

１９５９年９月、同社はプラスチックで家をつくるための研究を開始し、12月には何とか「０号試作ハウス」を完成させた。しかし、人が住むには程遠かった。また、強度や採算を考慮するとオールプラスチックとはいかず、軸組には軽量形鋼角パイプ、屋根と外壁にはＰＶＣ（ポリ塩化ビニル）板を使用した。

悪戦苦闘して０号に数々の改良を施し、翌春に完成させたのが「セキスイハウスＡ型」である。プラスチックを多用しつつ、サッシにはスチール、軸組には軽量鉄骨、外装にはアルミ板を使った平屋建ての住宅で、和室タイプと洋室タイプの２種類をそろえた。これに前後してハウス事業部を発足、住宅分野へ本格的に進出した。

プレハブ住宅の狙いは、住宅を「商品」として大量生産することにある。見本が必要と考え、東京の末広町、続いて大阪駅前の展示場で一般公開した。物珍しさもあって、モデルハウスにはどっと人が押しかけたが、パンフレットもなく、値段さえ決まっていない。同社の社員は「近代的素材で合理的につくられたこの家こそ、これからの住宅です」と声を張るだけ。特に困ったのは雨漏りで、ひどくなると「ただいま改装中」ということにし、見物させなかった。どうしても見たいという客がいると、アルバイトの学生を寝かせ、「急病で人が寝ていますから」とその場をしのいだ。

プレハブ住宅の質とイメージを向上

販売実績は、5カ月間でわずか8棟と散々だった。しかし、社長の上野次郎男《じろお》は「必ず軌道に乗る」と、1960年にハウス事業部を積水ハウス産業として独立させ、自ら社長を兼任した。

海図のない波乱の船出だった。営業社員の多くは文系出身で建築用語もわからない素人集団だったが、「もともと〝鉄とアルミとプラスチックの家〟に〝玄人〟などいない」「いつか、日本中にプレハブ住宅を！」と意気軒昂《いきけんこう》で、悲壮感はつゆほどもなかった。

1961年7月には「B型」を発売。性能やデザインを充実させただけでなく、客の要望にきめ細かく対応する「自由設計」を取り入れ、「量産型の工業製品」から「邸宅」へとプレハブ住宅を昇華させた。自信を得た同社は新たに工場を設立し、塗装を機械化して月産300棟を可能にした。重要な部材であるパネルも内製することで、品質管理の向上とコストダウンを図った。1962年には、B型が不燃組立構造住宅として住宅金融公庫の融資対象に認定された。これがプレハブ住宅のイメージアップと消費者の購買意欲を高めることにつながり、普及に弾みがついた。

撤退の危機と経営改革

一方で、同社は赤字続きだった。景気後退で親会社の積水化学工業の体力も衰えていたことから、上野は1963年、住宅事業からの撤退を表明した。これに異議を唱えたのが積水化学工業の専務で、ハウス事業部時代から同社をみてきた田鍋健《まさる》だった。「確かに今は厳しい。しかし、工業化住宅の将来はある」と主張する田鍋に対し、上野は「それなら、お前が行って経営をやれ」と命を下した。

同年、田鍋は社長に就任し、積水ハウスに社名を変更、強い指導力で大胆な改革に乗り出した。「出向社員の心が親会社に向いていては士気が上がらない」と、積水化学工業からの出向社員を同社に移籍させて従業員の結束を図った。社名は「産業」というあいまいな呼称をとって業種をはっきりさせた。販売方式は代理店販売から直接販売に転換し、「完成まで全責任をもち、アフターサービスも請け負う」と、責任施工の徹底を図った。さらに、ガラスやアルミ板をメーカーから直接仕入れる方式に改め、生産コストを大幅に削減した。経営努力が功を奏し、翌年には初の黒字を計上、翌々年には累積赤字を解消して、1割配当を実現した。

1966年、政府は5年で670万戸建設を目標とした「住宅建設5カ年計画」をスタートさせた。これを受けて、全国各地に総合住宅展示場がオープン。同社は積極的に出展し、当時まだ珍しかった冷房施設を採用して快適空間を提案した。住宅販売を巡る環境が充実し、高度成長期に入ったことがあいまって、同社は急成長を遂げていった。

戦後、食糧難や衣料不足に比べ、解決に長い時間を要したのが420万戸にのぼる住宅不足だった。その解消に貢献したプレハブ住宅の普及に、同社の果たした役割は大きい。規格化・工業化によって住宅建築の新領域を切り拓いたプレハブ住宅への挑戦は、その後も豊かな住まいづくりを追い続ける同社の未来をも切り拓いたのだった。

〈参照社史〉『住まい文化の創造をめざして：積水ハウス30年の歩み』（1990年）、『積水ハウス50年史：未来につながるアーカイブ：1960－2010』（2010年）

積水ハウスの歩み

1960年　積水化学工業㈱内にハウス事業部を設置
「セキスイハウスA型」発売。東京・末広町、大阪駅前にモデルハウス開設
積水ハウス産業㈱設立、社長に上野次郎男就任
1961年　滋賀県栗東町に滋賀工場を設置。「セキスイハウスB型」発売
1962年　B型が住宅金融公庫の融資対象に認定される
1963年　田鍋健社長就任、社名を積水ハウス㈱に変更
1964年　販売方式を代理店販売から直接販売へ転換
民間業者で初の「住宅金融公庫計画建売事業主体」に認定される
1971年　住宅業界で初めて戸建住宅にユニットバスを採用
1973年　積水ハウスの骨組工法が「発明奨励賞」を受賞
1990年　京都・木津町（現・木津川市）に総合住宅研究所を開設
1995年　木造住宅事業（シャーウッド住宅事業）開始
2010年　累積建築戸数200万戸達成

ユニ・チャーム

CASE 58

世界の〝不快〟を〝快〟に変える

企業家の胸が高鳴るのは、新たなビジネスチャンスに挑むときではないだろうか。ユニ・チャームの創業者・高原慶一朗の場合、常識を覆すことから挑戦が始まった。

米国で見た光景に衝撃

1962年秋、日本生産性本部の中小企業新製品開発専門視察団に参加して渡米した高原は、大型スーパーマーケットで見た光景に仰天した。明るい売場に生理用ナプキンやタンポンが山積みされ、女性客が無造作にカートに入れていくからだ。当時、日本では生理用品は「買うのが恥ずかしい日陰の商品」というイメージから、薬局でこっそりと売られていた。「探していた新事業はこれや！」。高原は確信した。

製紙業の盛んな愛媛県川之江市（現・四国中央市）に生まれた高原は大学卒業後、大阪の製紙会社に6年間勤め、原材料の調達や営業の知識・ノウハウを会得した。その後、郷里で父が経営する襖紙のトップメーカー・国光製紙の専務に就いたが、親の七光りに抵抗を感じ、30歳を目前に建材メーカー大成《たいせい》化工を設立し独立した。資本金300万円、社員数24人でスタート、創業7カ月で売上高は1200万円、社員数も44人へと順調に伸長した。

ただ、取り扱っていたのは中間製品であるため、自分で値決めができない。高原は、価格決定権も握れる自社ブランドの商品を流通させたいと考えていた。そんな矢先に出会ったのが、米国での光景だったのである。

大胆な方法で頂点に

「日本でも量販店が流通の中心になる。女性の必需品もそこで堂々と売買できるようにしよう」。ナプキンは、消費者が直接購入する最終商品だから価格を決定することができる。しかも高原がなじんできた紙関連の事業でもある。「包む」「記録する」「拭う」という紙の三大機能のうち、「拭う」は開発の余地が大きい。生理用品の製造・販売を決意した高原は米国で〝サンプル〟をしこたま買いこんだ。

意気込んで帰国した高原とは対照的に、社員は「こんなもの、恥ずかしくて売れません」と尻込みした。ましてや、製造や流通などはゼロからの出発である。

そこで高原は大胆な方法を採った。当時、従来の脱脂綿等に替わる紙製の使い捨てナプキンで市場を独占していたアンネの工場にもぐりこんだのである。ライバルの生産設備は素晴らしかったが、製品の仕上がりを見て「品質面でなら勝算あり」と踏んだ。

とはいえ、「漏れない、ズレない、ムレない」の3条件をクリアするナプキンの製造は至難の業であった。試作を重ね、吸水紙を被覆材でくるむ技術の開発に成功すると、1963年8月に「チャームナプキン」の製造・販売を開始した。

続く難問は流通である。全国約3万軒の薬局などはアンネが押さえており、入り込む余地はない。そこで営業キャラバン隊を結成して、アンネがそれほど進出していない山陰、山陽地方の雑貨店や紙の問屋、さらに洋裁学校、婦人会、化粧品店などをしらみつぶしに回った。ここで活躍したのが女性の営業職員で、生理用品について知識のない問屋相手に、同社製品がいかに優れているか、その説得力は効果抜群であった。製品は爆発的な売れ行きで、1964年9月決算期には1億9000万円の売り上げとなり（建材部門は1億4000万円）、生理用品事業は進出後わずか1年で、同社の柱になった。

1968年には、国光製紙が開発したソフトで吸収力のある湿式不織布「ニューソフロン」と、薄いレーヨン紙を特殊ラミネート加工した防水紙「ポプロン」を使った新商品「チャームナップさわやか」を発売した。小売価格は150円と既存商品より5割も高いにもかかわらず、その品質が消費者に受け入れられ、生産が追いつかないほどの大ヒットとなった。1971年、売り上げは32億円、シェアは20%（アンネは13%）を獲得、ついに同社は生理用品の業界ナンバーワンになった。

トップとしての責任

石油危機の際には、ナプキンも買い占め・売り惜しみで小売店の店先から商品が消え、流通業者から注文が殺到した。同社は、全国各地から必死に原紙を買い集めて生産を維持。商品を安定供給するという責任を果たしたことで取引先や消費者の信用を獲得、さらなるシェア拡大につながった。

1974年9月、高原は社名を「ユニ・チャーム」に変更した。「ユニ」はUniversal（世界的な）、Unique（ユニーク）、United（統合）を意味し、「チャーム」には、魅力的な（Charming）女性がはつらつと働けるようにしたいとの思いが込められていた。

1981年にはパンツタイプの紙オムツ「ムーニー」を発売、ベビー用品市場にも進出した。大ヒット商品となったのが、1992年発売のはかせるオムツ「ムーニーマン」である。1枚当たり約60円と従来の紙オムツの倍の値段にもかかわらず、尿の抜群の吸収力、便漏れ防止のギャザー、脱がせる時に足を汚さないよう脇を破って取り外せる簡便性などが消費者の支持を獲得、発売1年で紙オムツに占めるシェアは44％と、2位のP＆G（同23％）に大差をつけた。

さらに同社は、女性や乳幼児だけではなく、国内そして世界の長寿・高齢化に対応するヘルスケア商品を続々と送り出している。1987年に大人用紙オムツ市場に参入した同社は、大人の排泄ケアには高齢者の尊厳を守るための配慮が必須と考え、リハビリというまったく新しいコンセプトを開発して、1995年「ライフリーリハビリ用パンツ」を発売した。

同社が提供してきた〝不快〟を〝快〟に変える商品はアジアなど海外にも広がっており、2022年現在、海外売上比率は6割を超える。18カ国・地域に現地法人35社を配し、東アジア・東南アジア・オセアニア・中東諸国、北アフリカなど世界80以上の国・地域で紙オムツや生理用品などを提供、同社は世界中の人々に快適・感動・喜びをもたらす、チャーミングな挑戦を続けている。

〈参照社史〉『共振の経営の原点：ユニ・チャーム50年の歩み』（2011年）

ユニ・チャームの歩み

1961年	高原慶一朗が愛媛県川之江市に建材メーカー大成化工㈱を設立
1963年	生理用ナプキン「チャームナプキン」を発売
1971年	売上高、シェアでアンネを抜き、業界ナンバーワンに
1974年	社名をユニ・チャーム㈱に変更 タンポンの試作を開始（翌75年に発売）
1976年	薄型ナプキン「チャームナップミニ」発売
1981年	企業理念「NOLA&DOLA」発表 ベビー用紙オムツ「ムーニー」発売
1982年	立体裁断ナプキン「ソフィ」発売
1987年	大人用オムツ「ライフリー」発売
1991年	おねしょパンツ「オヤスミマン」発売
1992年	はかせるオムツ「ムーニーマン」発売
1995年	大人用パンツオムツ「ライフリーリハビリ用パンツ」発売

綜合警備保障

人と機械の合わせ技で安心を追求

CASE 59

ALSOKのネーミング、あるいは有名なスポーツ選手が多く所属する企業としておなじみの綜合警備保障。オフィスや商業施設の警備、女性や高齢者、子どもの見守りなど、日々の生活に欠かせないサービスを提供している。

大規模イベントで存在感を発揮

1965年7月、綜合警備保障が誕生した。創立者は前年の東京オリンピックで事務次長を務めた村井順。戦前、内務省に入省、戦後は青森県警察部長、吉田茂首相秘書官、内務省警保局公安一課長、国家地方警察本部の初代警備課長等を歴任、初代の内閣調査室長も務めた。村井に警備会社設立を強く勧めたのは吉田茂だ。当時、欧米の警備会社が日本進出をもくろんでいたことから、村井は「日本人の手で国を守る」ことを目的として創業した。

東京オリンピックの組織委員会会長を務め、同社の初代会長に就任した安川第五郎の方針で都市銀行や大手保険会社などから出資を受けた。そのことが与信となり、大企業から警備の依頼が相次ぎ、同社の事業は急テンポで拡大した。

創業4年目の1968年、36階建ての霞が関ビルディングの警備を請け負った同社は、ビルが開業する1カ月前に警備隊を発足させて、全階を見て回って消火器の設置場所からエレベーター、ビルの構造までたたき込んだ。開業後は警備をする傍ら、1日当たり2～3万人もの入場者の案内にも当たった。

警備事業が大きく伸びる契機となったのは、博覧会やオリンピックなど国家的行事である。1970年の大阪万博の警備はパビリオン117館、期間は半年、入場者は6421万人（1日当たり平均35万人）にも上り、同社を含めた6社、計2500人からなる大部隊でも大変な激務であった。同社は全社一丸となって任務を遂行、絶対的信用を得て、以後、札幌冬季オリンピック（1972年）、神戸博ポートピア'81（1981年）、科学万博―つくば'85（1985年）、横浜博覧会（1989年）、国際花と緑の博覧会（1990年）に次々と参画、豊かな経験を生かした警備を提供した。

人の生命と財産を守る警備業の基本は信頼であり、警備員の質が要求される。同社は創立以来、社員研修に力を入れてきた。研修内容は姿勢・敬礼といった「形」、柔道・剣道、消防実技、警棒訓練、護身術など「技術」、犯罪一般と関係法令など「知識」と多岐にわたる。特に防災知識は不可欠であるため、消火訓練を徹底させ、各種の資格取得を奨励している。

テクノロジーに着目

１９７０年、わが国初のハイジャック事件「よど号事件」は航空会社の大きな脅威となった。ハイジャック防止の水際作戦として、同社は全国の空港でX線手荷物透視検査装置や金属探知機等を駆使して警備に当たることとなった。

１９７０年代初頭、同業者は全国で３００を超えるなか、大企業の「警備外注への切り替え」も加速して契約が急増、差別化・効率化のために機械警備が必至となった。

当初は電話回線を使って敷地や建物内にセンサーを設置し、警備室に受信器を置くものだった。センサーが異常を察知すると、警備員が急行して泥棒を捕まえるといった具合で、効力を発した。１９７０年代後半の高度成長期には運用面、技術面とも大きな進歩があり、機械警備は省力化と安全性が両立する新しい形態として広く受け入れられるようになった。また、常駐警備、警備輸送業務、綜合管理という部門の垣根がなくなり、機械警備がそれらを結びつけて一本化する役割を果たした。さらに、事務所、商店、家庭などに適用する基本の仕様や、チェーン店や老人看護のように営業形態や目的別に設計するオーダー仕様など、警備の仕様が分化していった。

機械警備は省力化による人員不足の解決、勤務の合理化による過酷な労働からの解放、少人数化で1人当たりの収益が増大したことによる警備員の待遇改善などの効用がある。一方、機械の運用等を担う優秀な警備員、進歩・陳腐化が早い機械類の絶えざる開発努力、全体の優れた綜合システムの三拍子がそろっている必要がある。

同社は日本電気（NEC）に警備用機械類の開発を依頼して、機械警備の本格的採用に踏み切った。それは、労働集約的企業から生産性の高い資本集約的な企業への転換でもあった。1973年に開催された保安警備防災機器総合展では実際に機械を作動させ、その効果が目で確かめられるオープン展示で、来場者にアピールした。

ALSOKの意味

1988年、同社はホームセキュリティ「TAKURUS」を発売した。ネーミングは「留守宅」の読みを反転させたもの。夜間など無人の時間帯を主に警備する事務所ビルと違って、家庭は在宅している時間も警備するため、プライバシーのトラブル防止は重要な課題で、警備員には「プライバシーとは何か」まで徹底して説明した。

2003年、コーポレートブランドをSOKから「いつでもあなたのそばにいて必要なときに直ちに駆けつける安心警備を提供する」という意味をもつ〝ALWAYS-SECURITY-OK〟を短縮したＡＬＳＯＫへと変更した。これは、Amenity（快適・安心空間を追求する目）、Live（常にお客様の身近にいて即座に対応する姿勢）、Security（社会の安全を守る力）、Only １（独自で唯一の価値）、Kindness（ありがとうの心に通じる温かい心）と、新しい綜合警備保障にあるべき資産の意味も込められている。

創業当時80人だった社員は、２０２２年３月現在、単体で約１万２０００人、連結で３万８０００人を超える。24時間３６５日、綜合警備保障は人とシステムの融合で安心した暮らしを守っている。

〈参照社史〉『ありがとうの心で30年：綜合警備保障30年史』（１９９５年）

綜合警備保障の歩み

1965年　綜合警備保障㈱を創立
1966年　警備輸送業務開始
1967年　機械警備業務開始
1970年　大阪万博で警備を担当
1973年　保安警備防災機器総合展に出展
1975年　キャッシュコーナー無人管理システム「アマンドシステム」稼働
機械警備と常駐警備を併用したシステム稼働
1983年　東京都公安委員会による警備業認定証第1号を取得
1988年　ホームセキュリティ「TAKURUS」発売
通信衛星利用の情報ネット構築
2002年　警備用ロボットを実用化
2003年　コーポレートブランドをSOKからALSOKへ変更
2012年　介護付き老人ホーム事業に参入

パナソニック

小さな町工場から社会を豊かに

CASE 60

先人企業家たちの足跡を記録した社史は貴重な資料であり、学ぶべき点が多い。最後に紹介するのは、日本を代表する企業家の一人、松下幸之助が創業したパナソニックである。グループ全体で今や売上高7・4兆円、従業員数約24万人の大企業も、最初は家族3人の小さな企業だった。今日までの歩みから、何を読み解くことができるだろうか。

基本方針を確立し発展目指す

パナソニックの歴史は、1918年3月、松下幸之助が23歳で現在の大阪市福島区大開に松下電気器具製作所を創立、22歳の妻・むめのと15歳の義弟・井植歳男の3人で事業を開始したことに始まる。改良アタッチメントプラグや2灯用差し込みプラグ、2灯用クラスター（通称二股ソケット）といった配線器具に始まり、規模を拡大するとランプや電気アイロン、反射式電気ストーブ、電気コンロなども製作した。

１９２７年に「ナショナル」の商標を初めて使用し知名度が高まると、１９２９年には松下電器製作所と改称、同時に同社の使命を明文化した「綱領」と従業員のあるべき姿を説いた「信条」を制定した。１９３２年には「物資の生産を通じて社会を豊かにすることが、産業人としての我われの使命である」と自覚、従業員に明示した。このとき「企業は社会の公器」「事業を通じて社会に貢献する」という幸之助の経営の基本方針が確立した。

１９３２年、貿易部（35年に松下電器貿易株式会社として分離独立）を新設して輸出を開始、翌年には製品ごとに自主責任経営を追求する事業部制を導入、さらなる成長の原動力となった。同じ年、事業の本拠地を現在の門真市に移転、１９３５年には松下電器産業株式会社に改組・改称した。

「家電の松下」として業界を牽引

第２次世界大戦後しばらくの間、同社はＧＨＱ（連合国軍総司令部）から軍国主義を支えたとみなされ、苦難を強いられた。自由に活動できるようになったのは１９５０年10月だった。

１９５１年に行った初の米欧視察で「海外の技術に学ぶ点多し」と確信した幸之助は、オランダのフィリップス社と提携し、合弁で設立した松下電子工業㈱で照明、電子管、半導体を生産するようになった。無線・音響関係の製品、照明器具、計測機器などエレクトロニクス応用機器の品質を世界的水準に高める契機になった。

1956年には「松下電器五カ年計画」を発表した。5年で生産販売を年間800億円に、従業員を1万8000人に、資本金を100億円にするという意欲的な内容だった。当時「三種の神器」といわれたテレビ、洗濯機、冷蔵庫などの新製品が目標を大きく上回る結果をもたらし、同社は家電のトップメーカーとしての地位を固めた。

1961年、幸之助は社長を退き、会長に就任した。その後、日本の家電業界は供給過剰と不況に苦しみ、同社の販売会社や代理店も窮地に陥ってしまった。危機感を抱いた幸之助は、1964年に静岡県の熱海で「熱海会談」（全国販売会社・代理店社長懇談会）を開催した。「共存共栄」の精神を確認すると、幸之助は自ら営業本部長の職務を代行して陣頭指揮を執り、翌65年には新販売体制（1地域1販売会社制、事業部・販売会社直取引、新月販制度）を導入して危機を打開した。

経営理念というぶれない芯の力

1989年4月、創業者の松下幸之助は94歳で逝去した。新たな段階を迎えた同社は、1991年にハードとソフトの融合によるAV事業の強化、家電依存体質からの脱却に向けて米国の大手エンターテインメント会社ＭＣＡ社を買収した。ところが直後にバブル景気が崩壊、金融不祥事や冷蔵庫で発生した大規模な品質問題もあり、同社の経営は悪化した。

１９９３年に社長に就任した森下洋一は、「創造と挑戦」を旗印に「再生計画」を策定した。まず、自主責任経営に徹するという考え方にもとづき、担当役員が関連事業部の経営を見守るシンプルな「事業担当制」を導入した。次いで、計画の要となる3テーマ、すなわち①事業の選別と集中、②赤字の根絶、③間接部門の生産性30％向上に挑んだ。

２０００年6月に社長に就任した中村邦夫は、２００１年度に創業以来初の大幅赤字を計上したことを踏まえ、過去の成功体験を否定し、松下電器創生を目標とする「創生21計画」を策定し、ＩＴ革新のほかさまざまな改革に着手した。切り札は主戦場でシェアナンバーワンを達成し、収益にも貢献する「Ｖ商品」で集中的な販売促進・宣伝活動を行うことで、２００２～２００３年度にかけて薄型テレビやＤＶＤレコーダー、デジタルスチルカメラ、斜めドラム洗濯乾燥機、ノンフロン冷蔵庫といったヒット商品を生み出した。これら「Ｖ商品」のヒットや不採算拠点の統廃合、徹底したコストの見直しなどにより、営業利益は黒字化した。２００４年度からは「躍進21計画」を開始、半導体とＰＤＰ（プラズマディスプレイパネル）に重点投資して薄型テレビの大型化を実現、量産を開始した。２００４年度の連結売上高は一気に8兆円台に乗った。

２００６年6月に社長に就任した大坪文雄は、グループのさらなる結束とブランドの価値向上を目指し、２００８年10月、松下電器産業からパナソニックに社名を変更、ブランドも「Ｐａｎａｓｏｎｉｃ」に統一した。さらに、エナジー関連、業務用冷凍・空調機器などに強みがある三洋電機を子会社化した。２社のコラボレーション商品として、住宅用太陽光発電システムが生まれた。

２０１８年、同社は創業１００周年を迎えた。経営環境の変化に順応すべく、創業時から絶え間なく事業体制を変革してきたが、特に幸之助が経営陣から退いた後、各社長は従来のやり方、足下を見直し、5年先、10年先のあるべき姿に向かって計画を立て実行した。生成発展を続けてきたその根底には、幸之助の経営理念が脈々と流れている。同社は時代や経済環境が変わっても創業者の思想を受け継ぎ実践してきた。つまり、ぶれない芯があったからこそ、グローバルカンパニーになったのだ。

家族3人でスタートした小さな町工場が、数々の困難を乗り越えながら社会を豊かにしていく。社史にはやはり、ロマンがある。

〈参照社史〉『パナソニック百年史：１９１８－２０１８』（２０１９年）

パナソニックの歩み

1918年　松下幸之助が松下電気器具製作所を創業
1927年　角型ランプ、電気アイロンを発売。「ナショナル」の商標を初めて使用
1929年　松下電器製作所と改称。綱領と信条を制定
1931年　ラジオの生産販売を開始
1933年　事業部制を実施。事業の本拠を門真に移転
1935年　松下電器産業㈱に改組・改称
1946年　ＰＨＰ研究所を設立
1954年　日本ビクターへ資本参加
1957年　日本初の系列店ネットワーク「ナショナルショップ制度」を創設
1977年　家庭用ビデオにＶＨＳ方式採用を発表
1979年　㈶松下政経塾を設立
1997年　社内分社制を導入
2008年　社名をパナソニック㈱に変更、ブランドも「Ｐａｎａｓｏｎｉｃ」に統一

あとがき——社史を活性化させるために

社史の魅力・有用性は心のエネルギーが伝わってくる本文だけではない。多種多様な内容を持った、サービス満点の資料なのだ。特に本編（通史）と両輪をなす「資料編」にはいろいろなことが盛り込まれていて、社史総体として、百科事典のような機能を果たしてもいる。

長期にわたる時系列データが一覧できる

生産・売上高、株主、従業員数や平均給与など、その会社の各種データを長いスパンで見ることができる。財務諸表は勘定科目の改廃や様式の変更などがあって長期にわたる把握・比較は簡単ではない。社史では統一した様式に仕上げて、見やすく整理されている。設立趣意書、定款・規約などの経営史料や、役員異動なども一覧できる。

製造工程図

「製造工程図」は百科事典にも載っていないものが多い。しかも非常にわかりやすい。『武田二百年史：資料編』（武田薬品工業）の工程図は、工場で説明を聞きながら見学しているような印象を受ける。『創造限りなく：トヨタ自動車50年史・資料集』にある「車の製造工程」の図も、子どもでも理解できる分かりやすさである。

同業他社と比べてみるのも興味深い。旭硝子（現・ＡＧＣ）の『社史』と『セントラル硝子三十五年史』はどちらにも「板ガラスの製造工程図」があるが、工程が若干違っている。

社業や業界に密着した情報

社史が提供するのは、自社のデータだけではない。専門的かつユニークなデータ、情報が詰まっている。

遠洋漁業の発達史である『日本水産50年史』や『日本水産の70年』は、捕鯨、北洋漁業、マグロ漁業などのほか、食品加工業に関する記述も詳しい。『神岡鉱山史』（三井金属鉱業）は、見出し語の漢字にはすべてルビを振って専門用語を説明した「用語略解」を載せている。

『大塚製靴百年史』には「１００年にわたる靴のファッション」のほか、足と靴の機能、靴の各部名称、内外の「靴を展示する博物館」や「靴の専門学校」まで載っている。

『読売新聞１００年史　別冊　資料・年表』には、読売新聞社が主催する囲碁名人戦、将棋十段戦、ゴルフ日本シリーズなどの優勝者・受賞者が出ている。プロ野球・読売巨人軍の記録が詳しく載っているのはいうまでもない。

多様かつユニークな統計

一般的かつマクロな官庁統計に比べ、社史に載っている統計は、その会社の必要性から、あるいは得意分野を生かして調査・作成しているので、ユニークさときめ細かさが特徴である。『日本毛織三十年史』には明治・大正時代からの羊毛、毛糸、毛織物の統計があるし、『糸ひとすじ―大同毛織の歴史とその中における栗原ウメ』には、大正時代の紡毛工業に関するデータが豊富に載っている。『極洋捕鯨30年史』では、船舶の種類、鯨の種類別捕獲頭数、製品の種類別生産など、捕鯨操業の実績が細かに得られる。

『内外耐火工業十五年史』は、耐火れんがや耐火物に関する実に詳しい統計を載せている。コンピュータ関連統計なら、『日本アイ・ビー・エム50年史』の資料編『情報処理産業年表』にあるし、同和鉱業の『創業百年史　資料』には、１９５０年度から１９８３年度まで34年間の、電気銅、亜鉛、電気亜鉛、電気金、電気銀、硫酸の全国需要量や販売価格などが載っている。

映画用フィルムの国産化を主な使命として創立された富士写真フィルムの『創業25年の歩み』には、邦画製作本数、上映本数、映画館数、観客数、カラーポジ使用数量など映画関係のデータが細かく載っているし、ヘリコプター輸送から始まった全日本空輸の『限りなく大空へ：全日空の30年　資料編』は、使用目的が30年間にわたってわかる「ヘリコプター実績」を載せている。

「百年史」ともなると、さらに長期統計となる。『明治生命百年史資料』など生保会社の「百年史」には明治以降100年にわたる死因別統計が載っているし、日本セメントの『百年史』は、明治から1982年に至るセメント統計を収録している。

面白い読物や論文

『福助足袋の六十年（近世足袋文化史）』には、「風俗史上より見たる足袋」と題する論文がある。『キッコーマン醤油史』は、「食の歴史と醤油」を収録、原始から1960年代に至る食生活の推移を明らかにしている。巻末にある「日本食文化史年表：食用植物の渡来考」には「どの時代に、どんなものを食べ、どんな生活をしていたか」が具体的に記してある。

『めんづくり味づくり――明星食品30年の歩み』には、「麺の歴史」（石毛直道）、「麺の比較文化史」（加藤秀俊）、「食品企業と社会」（山口喜久男）、「食品産業の国際化」（杉岡碩夫）、「食の展望」（中尾佐助）、「もう一つのラーメン史：コマーシャル20年史」（天野祐吉）と、各界の権威者が小論文を寄稿している。

このほか、社業に関係する分野の「関係文献」は特定の業界・分野の専門書誌として利用できる。『日本経済新聞社１１０年史』の資料編では「日本の百人」「トップ群像」「私の履歴書」など、主要連載が一覧でき、〝縮刷版の目次・索引代わり〟になる。

社史の中身を探せるデータベースの構築

右に挙げた例はごく一部だが、社史にはさまざまなデータ・情報が載っている。にもかかわらず、それを探す手段がないと気づき、社史の中身が探せるデータベースを構築したいという思いを強くしたのは、社史に深く関わり出した頃である。しかし、巨額の費用と膨大な手間がかかる。思案していたところ、渋沢栄一記念財団で同財団の事業としてやっていただけることになった。ただ、民間の1機関でわが国の既刊社史すべてを対象にするのはとても無理とわかり、採録対象を渋沢栄一に関連する会社の社史を中心に約１５００冊に絞った。社史1冊ごとに「目次」「索引」「年表」「資料編」のデータを採録、データが整備できたものから、同財団のウェブサイトで「渋沢社史データベース」として２０１４年から無料で公開している。〝索引データベース〟であるから社史の本文を見ることはできないが、思いついた言葉で検索してみると、意外なことがわかったりして結構使える。２０２２年末現在、ユーザー数は39万近く、海外からも１３８カ国・地域からアクセスがある。

海外で活用される日本の社史

ところで、日本の社史が「日本研究のkey source」とされ、海外の研究者に活用されていることはあまり知られていない。

米国のある大学の学生は、富士製鐵、新日本製鐵、富岡製糸場などの社史を資料に用いて博士論文を書き、大学の助教授になった。日独関係を研究テーマにしているドイツの大学教授は「日独技術協力に関する資料としては社史が一番!」という。「社史を見れば、いつ、どこの会社とどんな技術提携をしたかが具体的にわかるから」と。

米国の大学図書館には相当数の社史がある。所蔵６０００冊以上のオハイオ州立大学以下、カリフォルニア大学、ハワイ大学、ピッツバーグ大学、シカゴ大学の5大学が代表格である。

米国のアジア学会（Association for Asian Studies）では、年次大会で約４５０あるsessionの一つに２０００年代はじめ「Shashi group」が設けられ、研究発表が行われているが、あるテーマに的を絞っているのが興味深い。例えば「資生堂のデザイン、ファッション、マーケティングについて」、「戦間期のビジネス：日本企業と市場の構築」、「戦後日本の輸出：日本のビジネスと文化」など。

このように、海外における日本の社史の利用者は研究者である。ゆえに、ハンディさやビジュアル志向とは対極の、正確かつ詳細に書かれた本格社史を欲している。

最後に

日本政策金融公庫の『調査月報』に連載したものが、このような本になった。5年間・60回も自由に書かせてくださった日本政策金融公庫の皆様に改めて感謝し、お礼申し上げる。また、お忙しい中、事実の確認等、各種問い合わせに親切に対応してくださった各社の社史編纂ご担当者にもお礼申し上げる。そして、今回の書籍化にあたって、まとめ直し、雑誌の連載とは全く違う印象に仕上げてくださった日経BP、日経BOOKSユニット編集委員・経済書エディターの白石賢氏と、原稿のチェック、確認等をご担当くださった武安美雪氏に感謝申し上げる。

2023年2月

村橋勝子

村橋勝子（むらはし・かつこ）

社史研究家。経済団体連合会（現・（一社）日本経済団体連合会）元・情報メディアグループ長。在職中に約1万冊の社史現物を観察して斬新な切り口で多面的に実態分析し、2002年に『社史の研究』としてまとめ注目を浴びる。一般にはなじみのなかった「社史」という情報領域に潜む尽きせぬ魅力を広く一般に紹介した社史研究の第一人者。退職後は、社史研究家として社史の魅力等について広めるべく講演、執筆活動を行う。
著書に『社史の研究』（ダイヤモンド社）、『にっぽん企業家烈伝』『カイシャ意外史：社史が語る仰天創業記』（ともに日本経済新聞出版）などがある。

社史から読み解く長寿企業のDNA
歴史に見る強さの源泉

2023年2月17日　1版1刷

著　者　村橋勝子

発行者　國分正哉
発　行　株式会社日経BP
日本経済新聞出版
発　売　株式会社日経BPマーケティング
〒105-8308　東京都港区虎ノ門4-3-12

装　幀　野網雄太
D T P　株式会社オフィスアリーナ
印刷・製本　シナノ印刷株式会社

ISBN978-4-296-11695-9